职业教育电子商务专业新形态教材

电子商务客户服务

DIANZI SHANGWU KEHU FUWU

主　编　罗　颖　　陈良华

副主编　李希梅　　卢　英

参　编　任小琼　　陈万君　　韩文珠　　柴玉娥

　　　　蒋　莉　　卢雪梅　　杨小华　　唐应书

重庆大学出版社

图书在版编目（CIP）数据

电子商务客户服务 / 罗颖，陈良华主编.--重庆：
重庆大学出版社，2021.10
职业教育电子商务专业新形态教材
ISBN 978-7-5689-2369-9

Ⅰ.①电…　Ⅱ.①罗…②陈…　Ⅲ.①电子商务—商
业服务—职业教育—教材　Ⅳ.①F713.36

中国版本图书馆CIP数据核字（2021）第194354号

职业教育电子商务专业创新教材

电子商务客户服务

主　编　罗　颖　陈良华

副主编　李希梅　卢　英

策划编辑：陈一柳

责任编辑：陈一柳　　版式设计：陈一柳

责任校对：谢　芳　　责任印制：赵　晟

*

重庆大学出版社出版发行

出版人：饶帮华

社址：重庆市沙坪坝区大学城西路21号

邮编：401331

电话：（023）88617190　88617185（中小学）

传真：（023）88617186　88617166

网址：http：//www.cqup.com.cn

邮箱：fxk@cqup.com.cn（营销中心）

全国新华书店经销

重庆天旭印务有限责任公司印刷

*

开本：787mm×1092mm　1/16　印张：8.75　字数：198千

2021年10月第1版　　2021年10月第1次印刷

ISBN 978-7-5689-2369-9　定价：35.00元

近年来，我国电子商务行业交易规模持续扩大，稳居全球网络零售市场首位。据公开数据显示，2008年电子商务交易额仅3.14万亿，2013年突破10万亿，2018年突破30万亿，2019年达到34.81万亿。与此同时，电子商务就业规模也日益壮大，电子商务与实体经济融合发展加速，带动了更多人从事电子商务相关工作，而网店客服是大多数中职电子商务专业毕业生的就业选择之一。

《电子商务客户服务》是以网店客服职业能力标准为依据，分别从网店客服每个工作任务的工作内容、工作职责和要求的职业素养三个方面展开知识讲解，包括初始网店客服岗位、售前客服准备、售中服务技巧、售后服务内容、综合实训5个项目，让学生在实际的工作情景中，了解网店客服部门的组织架构，熟悉网店客服的工作流程，学习网店客服的基础知识，掌握客服沟通技巧；熟练操作千牛等即时通信工具与客户进行及时有效的交流，能在淘宝后台进行线上发货、物流选择、退款退货等操作，能应用客户管理工具及方法对客户进行管理和维护。中职电子商务专业的学生通过本门课程的学习，毕业后能更快进入客服岗位角色，顺利投入客服岗位工作。

本书特色：

1.课程设计针对性强。本书针对电子商务行业需求对网店客服工作开展了针对性的案例实训。针对电商客服面向的售前、售中、售后、客服关系维护等工作任务，本书通过34个典型工作内容提出了电商客服优化解决方案。本书对电子商务从业人员及电子商务企业都有重要的参考价值。

2.教学内容项目化。本书采用项目式教学，将电子商务企业、电子商务代运营企业中常见的及在电商平台中销售量非常大的几个门类的案例设计成工作项目。每个工作项目又根据具体的商品分成几个工作任务，按照工作流程从工作任务的接受、情景分析、任务实施等工作环节开展学习，充分将理论知识与实践相结合，实用性强。并通过具体任务的完成，引出相关概念和行业标准。

3.教学要求明确化。本书在"项目概述""项目目标"中提出了明确的知识技能要求，并采用任务驱动模式，推进教学进程。

4.学习角色化。通过虚拟人物的成长，让学习者代入自己学习的成长，便于学习者建立工作情景。学习者能将自己视为工作人员来完成项目。

5.引入企业专家，完全按照行业标准和工作流程来编写。学习完本书后就能够上岗。

6.本书配套资源丰富，并将大量的数字资源放在配套课程资源平台中，便于使用本书的老师和学生学习和借鉴。

采用本书进行教学时可参考学时分配如下：

序 号	项 目	参考学时
1	初始网店客服岗位	4
2	售前客服准备	15
3	售中服务技巧	4
4	售后服务内容	9
5	综合实训	8
合 计		40

本书由重庆市九龙坡职业教育中心、重庆医药专科学校和重庆花田互动科技有限公司共同编写而成，其中项目一由罗颖、卢雪梅老师编写；项目二由彭翔、李希梅、柴玉娥、任小琼、陈万君老师编写；项目三由蒋莉、卢英老师编写；项目四由李希梅、卢英、韩文珠老师编写；项目五由李希梅老师编写，全书由罗颖、陈良华老师统稿，重庆花田互动科技有限公司唐应书老师和重庆医药专科学校杨小华老师审稿。

本书在编写过程中，编写人员进行了电子商务行业企业调研活动，请企业专家对我们撰写的职业能力标准进行了审核，在此，特别感谢重庆渝猫科技有限公司总经理李科、重庆邓氏厨具制造有限公司电商总监郭世川对教材撰写提供的帮助。同时，我们浏览了许多相关网站，借鉴和引用了网站上某些网店的资源。由于编者水平有限，书中难免出现疏漏，敬请广大读者批评指正。

编 者

2021年2月

项目一
初识网店客服岗位

【项目概述】

　　网店客服是指采用互联网技术，使用各种及时通信工具，为客户提供售前咨询、售中接待、售后服务等网络销售的服务人员。在成为一名合格的网店客服前，首先要了解网店客服部门的基本组织架构情况，网店客服的工作内容和工作职责要求等内容。

　　美美是一名中职电子商务专业的应届毕业生，她毕业后的职业规划就是成为一名优秀的网店客服工作人员。在竞聘时，她以中文打字每分钟120字的速度完胜竞争者，成功应聘到了重庆智德电子商务有限公司网店客服这一职位。这是一家在网络上销售以日用百货、文化办公用品、电子产品等商品为主的电子商务公司，公司在淘宝、京东、拼多多等电商平台都有店铺。今天，美美到公司报到，客服部王经理向她介绍了客服部的组织架构和工作环境等基本情况。王经理把美美安排在售前客服组，客服主管刘艳是美美的师傅。刘艳师傅准备先让美美熟悉客服每个工作岗位的工作内容和职责，以及了解客服人员必备的职业素养。

【项目目标】

知识目标

了解网店的组织架构；

熟悉网店客服岗位的工作内容；

熟悉网店客服岗位的工作职责；

了解网店客服岗位的职业素养。

技能目标

能够画出网店的组织架构图；

能够说出网店客服岗位的工作内容。

情感目标

提高分析问题的能力；

具有团队合作的工作意识。

［任务一］   NO.1

了解网店客服岗位的工作内容

【情景设计】

刘艳师傅告诉美美想要成为一名优秀的网店客服，必须先了解网店客服部门的工作流程以及各客服岗位的工作标准。刘艳师傅说：过几天公司要对他们这批客服实习生进行考核，成绩优异的实习生公司将给予表扬和奖励。美美刚到公司，各方面都很生疏，但她也想通过这次机会好好地表现一下自己。

【情景再现】

为了取得好的考核成绩，因为有前期的知识准备，美美看了很多相关书籍，也做了一些试卷。试卷中有几道阐述题，美美把题目记下来后在寝室和大家讨论了起来。

1.请用思维导图画出公司客服部的组织结构图。

2.请简要说明如何定义售前、售中、售后这些客服的岗位。

3.每个客服岗位的职责及提供的服务有哪些？

【情景分析】

一般情况下，公司会对新进的员工或者实习生进行入职前的测试，测试内容可能包括专业技能、职业素养等方面的内容。公司的这次测试中，所涉及的内容包括了客服部的组织结构，售前、售中、售后客服的定义，每个客服岗位的工作内容和职责等。我们只有掌握这些基础知识，才能把今后的工作做得得心应手。

【任务实施】

随着电子商务的蓬勃兴起，网上销售越来越多。网店客服是直接面对消费者的团队，是客户衡量网店服务质量的重要标准，在网店通过各种方式引入的流量，并有效地转换成为订单量的过程中，网店客服起着非常重要的作用。

要成为一名优秀的网店客服人员，必须牢牢掌握网店客服岗位的工作内容和职责，才能更好地塑造店铺形象、提高订单率和客户回购率。那么，网店客服岗位的工作内容是什么呢？首先，让我们来了解一下客服部门的工作流程。

活动1　了解网店客服部门的组织架构

网店客服通常是指在网络平台负责销售产品和提供服务的在线接待工作人员，又称为客服专员。这一工作岗位的主要工作内容是在线接待客户及处理售后问题。网店客服根据网店订单销售时间节点又分为售前客服、售中客服和售后客服。根据网店规模，一个岗位可由一个或多个客服专员担任，统一由客服主管管理。客服部门的组织架构如图1-1-1所示。

图1-1-1　客服部门组织架构图

在商品销售活动中，一个完整的销售流程应当至少包括售前服务、售中服务和售后服务三个部分。每个销售服务环节都要有规范的工作流程，每个客服工作岗位都应有相应的工作任务和工作职责。客服部门的工作流程从商品销售前开始，到顾客确认订单收到商品结束，整个销售服务过程如图1-1-2所示。

图1-1-2　客服服务流程

【读一读】

电子商务公司组织架构及岗位工作内容：

网店规模有大有小，但一个网店的组织架构基本都是一致的。总经理下设有设计总监、运营总监和财务总监，而客服部属运营总监管理，网店的组织架构如图

1-1-3所示。

图1-1-3　网店组织架构图

　　每个岗位都有特定的工作内容和职责，下面就让我们一起来了解网店几个重要工作岗位的工作职责吧。

　　● 运营总监：主要负责网店整体规划、营销、推广、客户关系管理等系统经营性工作；网店日常改版策划、上架、推广、销售、售后服务等经营与管理工作；负责网店日常维护，保证网店的正常运作，优化店铺及商品排名；负责执行与配合公司相关营销活动，策划店铺促销活动方案；负责收集市场和行业信息，提供有效应对方案；制订销售计划，带领团队完成销售业绩目标。

　　● 客服人员：通过在线聊天工具，负责线上和顾客沟通，解答顾客对产品和购买服务的疑问；产品数据在线维护管理，登录销售系统内部处理订单信息，制作快递单，发货等；负责客户疑难订单的追踪和查件，处理评价、投诉等。

　　● 网店美工：负责上传网店产品及其相关文字编辑工作；根据主题需要完成产品拍摄图片的美化；根据文字需求完成店铺网页平面设计；对图片、文字进行编辑排版。

　　● 商品摄影：负责拍摄产品照片，包括产品各个角度的照片以及细节照片；负责产品搭配创意；完成产品拍照工作和后期制作。

　　【画一画】重庆智德电子商务有限公司客服部的组织结构：由1名主管管辖3名客服组长，分别为售前组组长、售中组组长和售后组组长，每位客服组长又管辖3名客服专员。根据以上描述，请画出智德电子商务有限公司客服部的组织结构图。

活动2　了解网店客服的工作内容

　　网店客服的工作看起来很简单，其实不然，客服不仅要为顾客解答困惑，还要处理中差评、处理突发情况等。每个客服岗位都有特定的工作内容，下面让我们来一起了解每个客服岗位的工作内容吧。

　　1.客服主管的工作内容

　　根据公司规模大小，客服主管的日常工作内容可能有所不同，以一家中小规模的电商企业为例，客服主管的日常工作内容应包括以下几项，如图1-1-4所示。

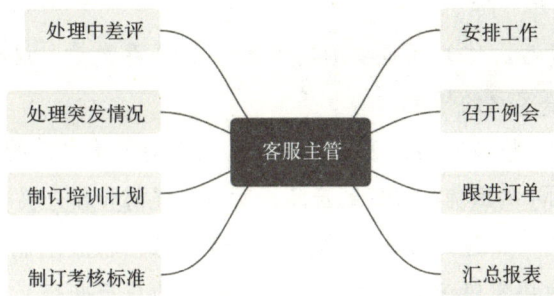

图1-1-4 客服主管的工作内容结构图

【读一读】

客服主管的日常工作内容如下：

- 安排各客服人员工作，负责客服账号分配、排班，确保各工作岗位工作有序，对接及时；
- 检查客服人员处理在线咨询、在线销售、售后服务等工作过程中所出现的各种问题；
- 组织召开客服例会，针对客服人员存在的问题进行指导培训；
- 跟进每日订单记录，对订单下单、发货进行跟踪把控，避免出现问题；
- 处理店铺中差评，处理客户反馈与投诉，维护店铺形象及信誉度；
- 制订培训计划并组织落实，提高客服人员业务技能，带领团队完成销售业绩；
- 制订客服考核标准；
- 汇总整理每日客服人员销售报表。

2.售前客服的工作内容

网店售前客服的主要工作内容是在产品销售前熟悉商品信息，回答买家咨询的各种问题，为顾客的需求做商品定位，引导顾客购买店里的产品等，如图1-1-5所示。

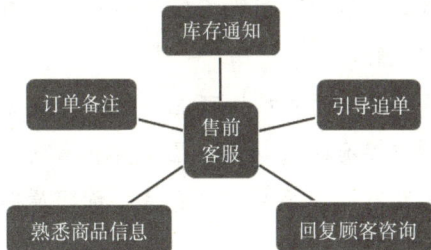

图1-1-5 售前客服的工作内容结构图

【读一读】

售前客服的日常工作内容如下：

- 了解产品相关信息。只有客服深入了解产品的信息，才能更好地和客户沟通。
- 回答顾客的咨询。回答关于商品、快递、售后、价格、网站活动、支付方式等方面的疑问。

● 查看产品的库存。作为客服要随时查看产品库存数量，这样才不会出现已卖出的产品没有货发给客户的情况。

● 核对订单信息。很多时候，客户买了东西就不会再看之后的消息了，如果地址一旦错误，即使手机号码正确也收不到产品，所以要提前和客户确定好地址。

● 备注特殊订单。如遇到特殊订单，如快递超限、物流限制等情况一定要在后台备注，同时提醒接班客服注意，以免造成不必要的售后麻烦。

● 进行客户管理。按照公司要求，对客户进行分类管理。

3.售中客服的工作内容

售中客服的工作内容主要是跟单服务，包括修改订单信息、物流信息及取消订单等内容，如图1-1-6所示。相比售前和售后客服，售中客服的工作内容较少一点。在很多小型电子商务公司的客服部门，售中客服的工作通常由售后客服完成。

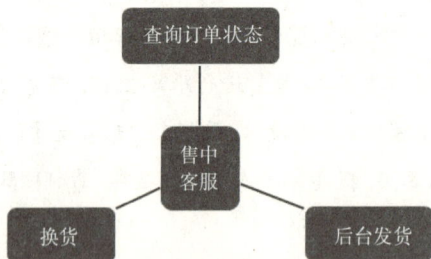

图1-1-6　售中客服的工作内容结构图

【读一读】

售中客服的日常工作内容如下：

● 核对订单信息。顾客下单后，客服要仔细核对订单信息，包括客户姓名、地址、电话等，特殊订单需做好备注。

● 查询订单状态。顾客购买商品后，可能会问"发货了吗"，这时，需要售中客服查询订单状态。商品订单有两种状态：已发货和未发货。如订单已发货，客服可以查询物流；如订单未发货，客服需查询仓库，询问原因，最后将查询的结果如实告诉客户。

● 后台发货。当顾客付款成功后，客服需要在电商平台上进行发货操作。

● 换货。如果客户下单后又后悔重新选择了其他商品，这时客服要为顾客进行换货操作，如图1-1-7所示。

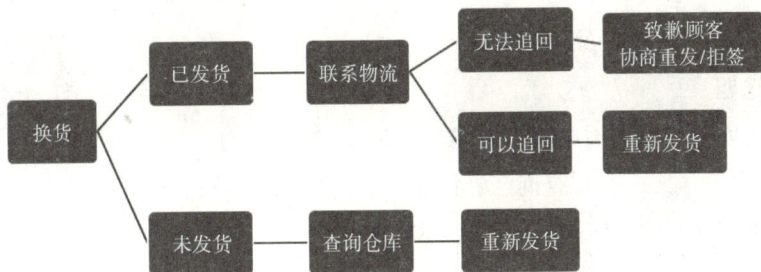

图1-1-7 换货流程图

4.售后客服的工作内容

售后客服的工作内容主要是解决客户订购商品后所产生的退换货、退款、交易纠纷等问题，如图1-1-8所示。

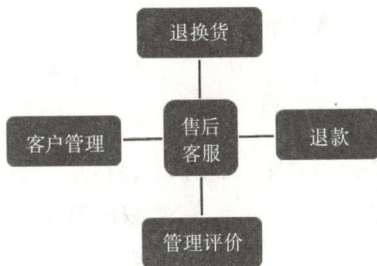

图1-1-8 售后客服的工作内容结构图

【读一读】

售后客服的日常工作内容如下：

● 退换货。当顾客收到商品后因各种原因需要退换货时，客服需要配合顾客完成退换操作。

● 退款。当顾客付款成功后，在还没有发货的情况下又要求退款时，客服需要完成退款操作。

● 管理评价。客服需要随时关注商品评价区，努力提高好评率，正确处理中差评。

● 客户管理。根据特征对顾客进行分类管理。

【做一做】

试比较售中客服和售后客服处理"换货"操作的异同，并记录在表1-1-1中。

表1-1-1 换货操作的异同

操作类型	角　色	相同点	不同点
换货	售中客服		
	售后客服		

【任务拓展】

一、单选题

1.下列选项中,不是售中客服工作内容的是(　　　)。

　　A.换货　　　　　　B.查询订单状态　　C.熟悉商品信息

2.网店客服人员主要通过(　　　)为客户服务。

　　A.网络　　　　　　B.打电话　　　　　C.上门拜访

3.对于任何淘宝网店来说,网店客服人员必须(　　　)工作。

　　A.朝九晚五　　　　B.一直在线　　　　C.合理安排

4.顾客迟迟没有收到快递,下面哪个是由于商家的原因造成的?(　　　)

　　A.延迟发货　　　　B.天气恶劣　　　　C.疫情管控

5.“后台发货”属于(　　　)客服的工作内容。

　　A.售前客服　　　　B.售中客服　　　　C.售后客服

二、多选题

1.售前客服需要提前熟悉商品信息,这些信息包括(　　　)。

　　A.规格型号　　　　B.风格潮流　　　　C.材质面料　　　　D.功效用途

2.淘宝网店客服可分为(　　　)。

　　A.售前客服　　　　B.售中客服　　　　C.售后客服　　　　D.投诉客服

3.网店客服应具备基本的专业知识有(　　　)。

　　A.产品知识　　　　B.网站交易规则　　C.物流相关知识　　D.付款知识

4.售前客服的工作内容包括(　　　)。

　　A.熟悉商品信息　　B.回复顾客咨询　　C.库存通知　　　　D.后台发货

5.售后客服的工作内容包括(　　　)。

　　A.退换货　　　　　B.退款　　　　　　C.管理评价　　　　D.客户管理

三、判断题

1.物流因素不受商家控制,所以商家无法避免商品的物流纠纷。　　　　　　(　　　)

2.客服不需要事先了解仓储物流,顾客买了以后再说。　　　　　　　　　　(　　　)

3.对于半夜拍下未付款的顾客,客服应该第二天一上班就马上催单。　　　　(　　　)

4.客服对于企业来说很有意义,但是对于服务者本身来说没有什么意义。　　(　　　)

5.对于没有成交意愿的客户客服可以直接不理。　　　　　　　　　　　　　(　　　)

6.不同的客户应该采用不同的服务技巧来应对。　　　　　　　　　　　　　(　　　)

［任务二］

了解网店客服岗位工作的重要性

【情景设计】

美美进公司学习了网店客服的工作内容后，刘艳师傅安排她的下一个学习任务是熟悉网店客服岗位的工作职责和职业素养，需要在售前、售中、售后客服部门各实习一个月，熟悉不同客服岗位的工作职责，了解每个岗位所应具备的职业素养。

网店客服是一个电子商务公司的门户，客服工作的好坏直接关系到店铺的形象，影响到网店的成交率及客户的回头率。

【情景再现】

美美在实习期间通过师傅的讲解、公司内部培训及工作流程中遇到的实例发现想要做一个优秀的客服不是那么简单，需要掌握相关知识和技术，如果客服的服务态度和话术能让客户满意，公司的销量和成交量也会提高。美美给自己制订了一个学习计划，先学习网店客服的工作职责，包括售前、售中、售后的详细工作职责和技巧；再提高职业素养，包括心理素养、品格素养、技能素养、综合素养。

【情景分析】

随着电商产业的发展，越来越多的人选择在网上购物，能影响产品销售的，除了产品自身的质量，还有就是客服。商品在网页上展示度毕竟有限，很多顾客是通过咨询客服进一步了解产品。只有客服具备专业的产品知识和技术、较高的职业素养，重视服务、不断改善服务品质才会使产品受到买家认可，从而使买家成为忠实客户。一个优秀的客服能实现90%以上的转化率。

【任务实施】

当今电子商务产业发展迅猛，网店客服岗位需求自然也在逐渐增加。在对电子商务专业毕业生就业的客服岗位情况调查分析时显示，能明确岗位工作职责和具备良好的职业素养是客服人员做好本职工作的重要因素，也是学校在电商人才培养目标中需突破的难点。

活动1　找找失去订单的原因

店铺在网络上与客户建立联系，一般情况下是通过售前客服。售前客服的话术可以拉近客户与店铺之间的距离；相反，客服回复顾客的语言如果不合适，店铺则会失掉订单。

【典型案例】请同学们认真阅读以下两个案例，思考情景2中客服丽丽失去订单的原因是什么？

情景1

买家	在吗？
客服美美	您好，在的。亲，请问有什么需要的吗？😊
买家	我想买一款婴儿保湿霜，可以推荐一下吗？
客服美美	请问宝贝是什么肤质的呢？不同的保湿霜适用不同的肤质哦。😊
买家	孩子平时皮肤有些过敏，总觉得有些痒痒的。
客服美美	亲爱哒😊，宝宝是属于过敏肤质，我为您推荐一款能缓和过敏皮肤的保湿霜哦，请您稍等。😊
客服美美	这款保湿霜针对过敏肤质，效果很不错哦。
买家	这真的对过敏的皮肤有帮助吗？
客服美美	亲，我们每款产品都是经过国家严格的检验，质量有保证，有针对性的哦，请放心选购该产品。😊
买家	好的，那我就选这款试试哦。

情景2

买家	在吗？
客服丽丽	在的呢。😊
买家	我想买一款婴儿保湿霜，可以推荐一下吗？
客服丽丽	这款保湿霜就很好，你看看。😊
买家	我家宝宝属于过敏皮肤，这款保湿霜能用吗？
客服丽丽	请稍等，我看看说明。😊
买家	请问查到了吗？
客服丽丽	马上，亲。😊
买家	那算了。

【案例分析】能不能让买家下单，客服人员的回答起着关键作用。售前客服要熟悉店铺每款商品的基本属性，当买家询问商品信息时，客服要能及时准确地回答，不能让买家久等。客服丽丽在与买家交流时，不问清买家的具体情况，盲目推荐产品，又因为不熟悉商品信息，让买家久等失去订单。而客服美美，首先问清买家的购买需求，然后再推荐适合的商品，当买家问到

该商品的基本信息时，客服美美也能及时回答，最后买家成功下单。

【技巧展示】

作为一名优秀的售前客服，一定要熟悉产品信息，具备销售引导技巧，尽可能地引导客户咨询下单，提高购物体验。

技巧一：辅助挑选法

有些客户不知道如何挑选产品，一直不断询问，这时客服应该热情解答客户的问题，深入了解客户的需求并予以推荐。

技巧二：AB选择法

当客户表达出购买意向且犹豫不决时，可采取AB选择法推荐两种产品给顾客。当顾客选中其中一个时，就可以帮助客户下单啦。

活动2 了解网店客服工作的重要意义

随着电商行业的发展，网络购物已成为人们的习惯，网购的人变多的同时，网店对客服工作也非常重视。作为店铺和顾客之间唯一的桥梁，客服就起着至关重要的作用。那么，网店的客服到底有哪些重要性呢？

1.塑造店铺形象

对于一个网上店铺而言，顾客看到的商品只能是一张张图片或产品短视频，既看不到商家本人，也摸不到产品本身，无法了解各种实际情况，这个时候难免会产生疑问，这个时候，顾客就想咨询客服来了解自己关心的问题。

在与顾客交流时，一个优秀的客服会利用鲜艳的文字颜色、各种可爱的表情包或亲切的问候语来拉近与顾客之间的距离，抓住顾客的心，让顾客感受到网店热情周到的服务，提高顾客的满意度，为店铺塑造良好的形象，如图1-2-1所示。

图1-2-1 各家网店客服与顾客首次"见面"招呼用语

【试一试】

请同学们帮助美美设计一段客服和顾客第一次"见面"的招呼用语,注意用词要亲切,意思要表达清晰。

2.提高成交率

现在很多顾客都会在下单商品之前将自己对商品不清楚的内容询问网店客服,并希望得到客服的及时回复。为此,网店在考核客服业绩时会有一项指标——客服响应时间,即顾客发送消息给客服到客服回复消息给顾客的时间总和。如果客服响应时间过长,顾客就有可能会流失到其他网店,如图1-2-2所示。网店客服能够及时回复顾客的疑问,可以让客户及时了解需要的内容,从而达成交易。

图1-2-2 网店客服与顾客的对话

【查一查】

请同学们到网上查一查,哪些情况会造成网店客服响应时间长?

3.提高顾客回头率

顾客回头率是指再购买的顾客数量占总顾客数量的比重,反映了企业对顾客的维护能力以及顾客对企业的忠实程度。据国外一项研究表明,顾客回头率提高5%,利润就增加25%~85%。

当顾客在网店客服的良好服务下,完成了一次良好的交易后,顾客不仅了解了网店的服务态度，也对网店的商品、物流等有了切身的体会。当买家需要再次购买同类商品时，就会倾向于选择他所熟悉和了解的网店，从而提高了客户再次购买几率。

4.处理店铺的投诉

【典型案例】

情景1

客服玥玥	您这人怎么这样啊！我已经反复给您说过了，到货慢不是我们的问题，是物流公司的责任，怎么能把责任推在我们身上呢？还投诉，您知不知道您的投诉会给我们小店造成多大的影响？（指责的语气）
买家	我不管，你们送货速度如此之慢，我肯定要投诉！（买家很生气）
客服玥玥	简直不可理喻，谁碰到你这样的买家谁倒霉！（语气强硬）
买家	你说话真难听！投诉我不会撤的，我还要再次投诉，投诉你们不尊重买家！（买家大怒）

情景2

客服昕昕	亲，我很理解您的心情！如果不是非常愤怒，您是不会投诉我们的。（语气温和）
买家	那是自然，谁会没事儿找事！（语气有点儿生气）
客服昕昕	嗯嗯，对于您的问题，我们会及时处理。处理的方式，咱们可以协商解决。希望您能撤掉投诉。（语气亲切）
买家	那敢情好！（语气缓和）

【案例分析】能不能让买家撤销投诉，客服人员的态度起了关键作用。因此，要想让买家撤销投诉，客服人员就要拿出谦和友好的态度。客服菲菲与昕昕在与发起投诉的买家沟通时，因为态度不同而导致结果完全不同。客服菲菲在与买家沟通时，态度蛮横无理，让买家更加生气；昕昕则是态度谦和友好，最终成功解决了投诉的问题。从中可以看出，客服的态度是否谦和友好，直接决定了沟通的结果。

【技巧展示】

技巧一：同情买家的遭遇

从买家对店铺的投诉中，客服人员应认识到是自己的工作或服务存在一定的问题。因此，客服人员应该理解买家的做法，同情买家的遭遇，并且还要尽心尽力地帮助买家满足他们的要求。只有这样，才能赢得买家的好感，而让其撤销差评也才有了可能。

技巧二：不要与买家发生争执

买家一般是遇到了麻烦、不顺之后才会投诉，往往是心里有气，难免会在言语中表现出来。对待怒气冲冲的买家，客服人员先要做的就是理解、克制，绝不能与买家发生争执。一旦争执，就会给买家留下糟糕的印象，让其撤销投诉也就成了不可能的事情。

网店客服绩效考核指标

【任务拓展】

一、单选题

1.买家办理退货后，客服应该怎么处理？（　　　）

    A.提醒顾客在网上填发货单　　　　　B.收到货后检查登记并办理退款

    C.收到货后联系顾客推荐新款　　　　D.以上处理方法都可以

2.在处理售后纠纷时，话术技巧是很重要的。在与买家交流时，客服不能说的话有（　　　）。

    A.这个不属于我们的问题，我们不能负责

    B.亲的货被快递公司遗失了，请找快递公司索赔

    C.没填退货的发货单号，导致退款速度变慢，这不是我们的错

    D.以上全部都是

3.（　　　）是客户检验企业能力的关键，主要工作是为客户讲解公司的产品或服务，引导客户完成消费。

    A.咨询　　　　　　B.售前咨询　　　　　C.售中引导　　　　D.售后服务

4.客服在处理退款时首先要（　　　）。

    A.真诚地道歉　　　　　　　　　　　B.热情地问好

    C.真诚地致谢　　　　　　　　　　　D.了解买家退款的真实原因

5.买家收到货物时发现包装严重损坏，商品上有严重的污渍，退换货产生的费用应该由（　　　）承担。

    A.物流公司　　　　B.买家　　　　　　C.卖家　　　　　　D.第三方平台

二、多选题

1.一个合格的网店客服应该具备（　　　）的基本素质。

    A.心理素质　　　　B.综合素质　　　　C.品格素质　　　　D.技能素质

2.网店售中服务主要包括（　　　）、下单发货、物流配送和顾客确认收货等。

    A.引导顾客付款　　B.核对订单信息　　C.添加备注　　　　D.推荐商品

3.网店客服的考核指标一般包含（　　　）方面。

    A.订单成交总额和成交转化率　　　　B.客服工龄

    C.响应时间　　　　　　　　　　　　D.接待人数

4.客户关系管理的目标有（　　　）。

    A.认识新客户

B.更好地认识和发现实际的或潜在的客户

C.挖掘、获得、发展和避免流失有价值的现有客户

D.完成工作任务

5.客服信守承诺的好处主要有（　　　）。

A.可以让买家感觉到自信

B.可以表示卖家解决问题的诚意

C.可以及时防止买家的负面宣传造成更大的伤害

D.可以让买家感觉到尊重

三、判断题

1.客服不需要事先了解仓储物流，顾客买了以后再说。　　　　　　（　　）

2.客服可以从客服行为标准里面了解工作上哪些事情可以做，哪些事情不可以做。

（　　）

3.售后客服只需要了解退款/退换货流程，纠纷维权规则，对产品相关知识不需要掌握。

（　　）

4.客户至上、用心服务是客服岗前心态，要求我们客服要用心为顾客服务，仅仅适用于售前客服。　　　　　　　　　　　　　　　　　　　　　　　　（　　）

5.客服要有良好的服务态度，不需要具有丰富的专业知识。　　　　（　　）

【项目小结】

通过本项目的学习，我们了解了网店的组织架构和客服岗位的工作内容、工作职责和所具备的职业素养。这里要注意，网店的组织架构根据公司的规模各有不同，本书列举的是一般中小型电子商务企业的组织架构。如果公司规模很大，网店的组织架构还要复杂很多。但不管公司规模如何，网店客服部门的工作岗位是不变的，都分为售前、售中、售后三个组，他们的工作职责和所具备的职业素养也大致相同。

【项目检测】

一、填空题

1._____是指通过互联网，利用网店即时通信工具，为客户提供咨询、发货、售后处理等销售服务的人员。

2.一般情况下，网店客服部门可分为三组，包括售前客服、售中客服和_____。

3.网店客服的基本素质包括4个方面，分别是综合素养、品德素养、技能素养和_____。

4._____负责每天客服专员的工作安排。

5.从客户咨询到客服回应的时间间隔叫做_____。

二、单选题

1.下列不是售前客服组的工作内容是（　　　　）。

    A.解答客户咨询　　B.订单确认　　　　C.安全库存通知　　D.取消订单

2.售前客服的工作职责包含售前准备和售前咨询,下列属于售前准备的是（　　　　）。

    A.推荐商品　　　　　　　　　　B.下单引导

    C.了解店铺与平台规则　　　　　D.解决客户疑问

3.下列是售中客服组的工作内容是（　　　　）。

    A.查询订单状态　　　　　　　　B.通知顾客订单缺货

    C.加旺旺好友　　　　　　　　　D.引导顾客下单

4.下列不是售后客服组的工作内容是（　　　　）。

    A.受理客户的换货需求　　　　　B.受理客户的退款需求

    C.受理客户的投诉　　　　　　　D.加旺旺好友

5.下列哪些是网店客服工作岗位的职业素养要求?（　　　　）（多选）

    A.工作认真、细心、责任心强

    B.有良好的沟通能力、应变能力、记忆能力

    C.有积极的心态、良好的心理素质

    D.有团队协作能力

三、判断题

1.网店客服需要有良好的沟通能力。　　　　　　　　　　　　　　　（　　　　）

2.售前客服的工作内容主要是回答顾客的咨询。　　　　　　　　　　（　　　　）

3.售前客服在上岗前不需要熟悉商品信息。　　　　　　　　　　　　（　　　　）

4.网店客服处理客户投诉时,需控制和调节自己的情绪。　　　　　　（　　　　）

5.网店客服的绩效考核和订单总额没有关系。　　　　　　　　　　　（　　　　）

四、简述题

1.网店客服有哪些工作岗位?

2.售前客服工作岗位的工作职责有哪些?

项目二
售前客服准备

【项目概述】

客服美美在师傅的带领下了解了公司客服部的组织架构情况，知道了网店客服岗位的重要性和职责。在上一次的考核中，她取得了优异的成绩，得到了公司的表扬和奖励。

师傅认为让美美在售前组正式接待客户的时候到了，她把这个消息告诉了美美。听到这个消息后，美美心里既高兴又害怕。师傅对美美说："在正式接待客户之前，售前客服需要做很多的准备工作，包括了解店铺商品信息，掌握各平台即时通信工具的使用方法等。在接待过程中，我们还要掌握沟通技巧，引导客户下单。总之，要成为一名优秀的售前客服，我们必须要掌握相应的技能才行。"师傅的话美美都一一记了下来，她知道她还有很多东西要学。

【项目目标】

知识目标

了解网店售前客服岗位的工作内容及职责；

熟悉网店商品的特性；

认识常见的网店即时通信工具；

掌握引导客户下单的技巧。

技能目标

能应对客户的各种问题和咨询；

能使用网店的即时通信工具接待客户；

能熟练操作即时通信工具的各种插件。

情感目标

做中学，让学生学会思考；

培养学生热爱专业的感情，树立学好专业的信心。

［任务一］

了解售前客服工作岗位标准

【情景设计】

作为售前客服的美美在师傅刘艳的带领下了解了售前客服的工作职责，今天她准备正式上岗接待客户了。可师傅说不着急，还得再学习，顺势又给了她一份资料让她看看。美美接过资料，打开一看，哇！还有好多售前客服知识需要学习和掌握！

【情景再现】

客户：在吗？

客服刘艳：亲爱哒，欢迎光临**旗舰店，请问有什么可以帮到您？

客户：这款裙子你家店卖得比别家店贵，如果给我打8折，我就立即下单。

客服刘艳：亲爱哒，你的眼光真不错，这款裙子我们店卖得很好。它是真丝材质，做工也非常精细，穿着显瘦，我们店诚信经营，承诺假一赔十。亲亲，我们小店单件商品最多打9折，如果同时购买两件可以打8折呢，您看还选一件什么衣服呢？

客户：那好，我再去选一件衬衣！

客服刘艳：亲爱哒，不着急，您慢慢选购，我随时准备为您服务！

【情景分析】

砍价是售前客服经常会遇到的问题，毕竟很多买家还是抱着能便宜一点是一点的心态。客服面对要砍价的客户，要做到态度平淡，不带有任何情绪，不能和客户比脾气。分清砍价客户的目的是很简单地希望得到一些便宜，还是随意还价，针对不同目的的砍价客户采取不同的话术回复，不能便宜也要态度很好地说明原因，千万不要因为客户砍价而恼火。顾客砍价了，就说明有想买的意愿，尽管可能会出现砍价不靠谱的客户，但是还是要态度友好地接待。

刘艳师傅用诚恳的态度，通过话术成功地引导了客户购买了两件商品。从这个案例中可以看到，能让买家下单的重要因素之一就是刘艳师傅拥有良好的职业素养，对商品和店内促销活动非常熟悉，在面对客户质问时不仅没有生气反而还通过话术成功引导客户下单。

【任务实施】

要成为一名合格的售前客服人员，必须牢牢掌握网店售前客服岗位的工作标准和职责，塑造店铺形象，帮助店铺增加客户群，促进客户下单。那么，售前客服岗位的工作内容、工作职责、职业素养是什么？售前客服常用语有哪些？下面我们就一起来了解。

活动1　了解售前客服岗位的工作内容

售前客服是企业在顾客未接触产品之前所开展的一系列刺激顾客购买欲望的服务工作。在整个商品销售过程中，售前客服涵盖了客户提交订单前的服务内容。如果售前服务做得好，就可以帮助店铺增加客户群、促进下单，尤其是在电子商务过程中，售前的客户服务可以在很大程度上影响顾客的购买决定。

根据电子商务公司规模的大小，每个公司的客服工作内容可能有所不同，但售前客服工作岗位的主要工作内容可包含如图2-1-1所示的几方面。

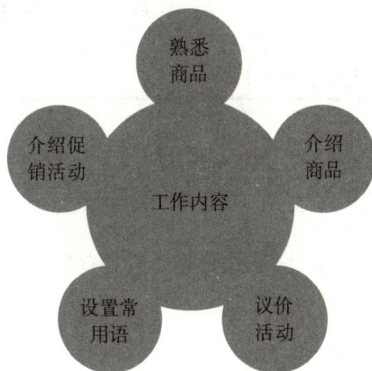

图2-1-1　售前客服工作岗位的主要工作内容

【想一想】

请同学们想一想，售前客服工作除了以上基本内容，还可能包含哪些内容呢？

活动2 了解售前客服岗位的工作职责

在实际工作中我们发现，电子商务公司的售前客服工作除了向顾客介绍产品信息、与顾客议价等常规内容外，还包括引导顾客成功下单前的所有可能操作。每个工作内容都有相应的工作职责，售前客服工作职责见表2-1-1。

表2-1-1 售前客服工作职责

工作岗位	工作内容	工作职责
售前客服	熟悉商品	客户服务工作前，熟悉本店商品，包括商品品类、大小、材质、功能、用途、与同类别商品相比的优劣势、卖点
	设置快捷用语	售前客服应编辑常用语，并设置好快捷回复键，这样有助于提高回复顾客的速度，提升工作效率
	问候客户	文明礼貌、态度诚恳、顾客至上
	介绍产品	向客户介绍产品时，应准确、详细。在接待客户时，尽可能不回复"不清楚""不知道"等话
	介绍活动	根据本店运营规则，积极主动介绍产品活动及操作方式（如需先领券拍下是多少价，到哪领券等），发货时间信息等内容
	议价活动	①在规范、公平、明码标价、坚持原则的情况下，可以合理议价，或者赠送小礼品，以满足个别买家追求更佳优惠的心理。②如果买家认为价格高，可以顺着买家的意思承认自己的产品价格确实不便宜，但要委婉地告诉买家自己的商品质量好。③面对顾客议价绝不能用高高在上的态度对待买家，或者使用死板、不变通的政策对待买家，应灵活处理。如可引导客人参加店铺活动，如两件包邮、使用优惠券、搭配套餐、满减活动等
	介绍物流信息	准确无误地告知顾客物流信息，以帮助顾客方便收取货物，减少后续麻烦

【查一查】

请同学们课后查一查在客服接待工作中，还有哪些具体的工作职责？

活动3 了解售前客服岗位的职业素养

良好的职业素养有助于提升员工的职业形象，也有助于增强企业的竞争力。售前客服应该从工作意识、能力、态度、职业道德、形象等多面去提升，需做到耐心倾听、正确理解、有效沟通、客户至上。具体职业素养见表2-1-2。

表2-1-2　售前客服职业素养

工作岗位	职业素养
售前客服	服务语气要让客户感到尊重：礼貌用语是"您"不可用"你"；"请，稍等一下，马上，好嘞"这样的话更让客户觉觉到尊重；不可多用一字之言，如"哦""是"等，用"嗯嗯""没错哦"代替，多使用旺旺小表情，活泼聊天氛围
	耐心地为顾客详细解答，了解各平台规则禁忌问题
	服务要充满热情，不能带有情绪；否则会影响到客户的购买心情，造成客户的流失，直接造成转化的数据下降
	旺旺上的所有信息都需回复，以客服的最后一句做结尾，如果没有回复，会直接影响到服务数据
	做好客户备注，以便下次接待时清楚相关问题。备注要添加时间与责任人，以便下次处理时可直接问之前处理的客服情况，不再重复问客户同样问题

【做一做】

请同学们思考售前客服都有哪些方法与技巧能引导顾客成功购物。

活动4　售前客服常用语

客服每天与买家的对话是有规律可循的，甚至大部分都是重复的（见表2-1-3），所以尽可能将自己的店铺常用语标准化。可以将这些用语制作成快捷按键，并背熟，提高客服效率，争取更多的成交量。

表2-1-3　售前客服常用语

分类情景	常用语	处理办法
客人进店	您好！很高兴为您服务，有什么可以为您效劳的？	文明礼貌、态度诚恳
优惠活动	您好，很高兴为您服务，您刚才说的商品有货。我们现在正在做活动：满100元减5元，满200元减10元。	不虚假宣传，如实介绍，让顾客一目了然
议价对话	亲爱哒，您好，我最大的折扣权利就是300元以上打9折，谢谢您的理解。	态度诚恳、真挚，富有同理心，根据店铺运营要求如实回答
	非常抱歉，您说的折扣很难申请到，要不您看××元可以吗？我可以再问一下，否则我真的办不到。	
改价支付用语	亲爱哒，已经为您修改好价格了，一共是××元，您方便时付款就行，感谢您购买我们的产品。	顾客至上，尽量把价格显示出来，更直接
物流用语	亲爱哒，我们默认为圆通速递。江浙沪一般1~2天，如快递公司不耽误，发货的第二天就可以收到。江浙沪以外的一般3~5天，偏远地区一般5~7天。	准确无误告知顾客以方便顾客收取货物
运费说明	亲爱哒，快递的运费是这样计算的，江浙沪首重8元，续重1元/千克；其他地区首重10元/千克，续重2元/千克；偏远地区另算。谢谢合作！	准确无误将运费告知顾客

售前客服培训
相关知识

【任务拓展】

一、填空题

1.客户服务工作前,熟悉本店商品,包括_____、_____、_____、_____、用途、与同类别商品相比_____、卖点。

2.向客户介绍产品就做_____、_____、_____。

二、判断题

1.客服应当对商品的种类、材质、尺寸、用途、注意事项等都有一定的了解,最好还应当了解行业的有关知识。　　　　　　　　　　　　　　　　　　（　　　）

2.客服对同类商品没必要了解,因为对所售商品没有用处。　　　（　　　）

3.顾客之后还有顾客,服务的开始才是销售的开始。　　　　　　（　　　）

4.在规范、公平、明码标价、坚持原则的情况下,可以合理议价。　（　　　）

三、选择题

1.在面对顾客议价时,售前客服要做到（　　　　）。

　　A.态度诚恳　　　　B.真挚热情　　　　C.富有同理心　　　D.不理他

2.在接待客户的过程中,售前客服要做到（　　　　）。

　　A.热情、自信待客

　　B.言语举止符合规范

　　C.可以用"哦""是""好"等单个词语

　　D.客户问话后几分钟才回复

四、情景模拟

有一客户非常想买店里一条白色裙子,可是缺货了,现在只剩下黄色和黑色相同款式的裙子,请同学们思考用怎样的话术能够成功地引导客户购买黄色或黑色裙子。

客服话术1

_____

客服话术2

_____

[任务二]　　　　　　　　　　　　　　　NO.2

在线接待买家

【情景设计】

美美虽然到公司不久，但是她已经初步了解了网店客服岗位的知识，也在刘艳师傅的帮助下，了解了售前客服岗位的工作内容、工作职责和职业素养等相关知识，现在刘艳师傅想让她继续了解如何在线接待买家，这就需要熟悉买家的购物心理，还要了解接待买家的流程，并且掌握沟通技巧。

【情景再现】

买家：请问这种伞是晴雨两用的吗？

客服美美：亲，这是晴雨伞哦。

买家：这种伞有点贵啊，质量真的有那么好吗？

客服美美：亲，这款伞是正版的品牌，之所以那么贵，是因为它的制作工艺与普通的伞有所区别，使用纯手工缝制，所以质量也特别好。这款伞可高效阻隔紫外线，在注重设计感的同时结合高科技材料运用，轻便、方便携带。这款伞的评价也比较高，所以可以放心购买哦。

买家：听你那么说，我了解了。

【情景分析】

当买家想购买某种商品时，一般情况下会先比较商品的质量和价格。买家可能看中了好几个同款的商品，如果他对商品的价格有疑问，那么卖家就应该解释说明贵的原因，并且将商品的其他特点告知买家，让买家觉得这个商品是最合适的，同时也可以引导买家关注商品的评价，增加买家的购买欲望。

在这个案例中，买家产生疑惑的地方就是商品质量和价格是不是成正比。那么客服美美就要掌握买家在购买前的心理想法，他们担心的是什么？关注的又是什么？让买家在交流的过程中相信自己。

【任务实施】

客服的售前接待部分工作是电商销售活动很重要的环节之一，对于一个网店来说，买家在进入网店时看到的商品都是由一张张的图片、一段段的文字及视频组成的，无法完全了解商品的实际情况。于是很多买家会在确定购买商品前，询问商家商品的某些情况，或优惠，确认商品是否有货等。客服在线能够及时回复买家的疑问咨询，让买家及时了解需要的内容，从而达成交易。那么，在线接待买家时又需要注意哪几个方面的内容呢？就让我们一起来学习吧。

活动1 分析买家网上购物心理

对于电商客服来说，每天要面对的是形形色色的买家。买家购买商品不但受其需要决定，而且还受其他各种因素影响，所以，从买家进入网店选购商品，到购买下单，是有一系列心理活动过程的。为了提高店铺成交率，客服需要清楚买家的购物心理，以便给他们提供个性化的服务，最终达成交易。那么，买家在网购过程的心理活动是怎样的呢？作为电商客服又应该怎么来弄清楚买家的心理活动呢？

一般情况下，买家想要购买商品时，会通过首页的搜索栏搜索商品，当搜索结果出来以后，页面就会罗列很多相同或相似的商品信息。在这么多的商品中，买家又会选择哪一件商品呢？是以价格高低作为参考？还是以信用程度的高低为准？又或是商品的评价？还是都有？作为电商客服，应了解不同买家的不同购物心理活动，灵活运用应对方法，这样售前转化率将得到提升。大部分买家网上购物时都会比较关心以下方面的内容。

1.产品的质量情况问题

网购时，买家是触摸不到商品本身的，所以，他们最先考虑商品的质量是不是过关的问题。买家肯定不愿意花冤枉钱买质量不好的"便宜货"，作为电商客服，理应了解买家这种最根本的心理想法。

【读一读】

当买家说："我有点担心产品的质量不行"时，客服可以如下回答：

• 亲，我们所有的宝贝都是专柜正品，接受专柜验货，亲可以放心选购。

• 亲，请放心购物，我们出售的所有商品出厂前都经过严格质检，发货前会有专业质检人员进行两次检验，力求做到无质量问题。本店售出的所有商品都提供质量保证及7天无理由退换货的售后服务。如果您有疑问，请联系我们。

• 亲，我们的产品已加入消费者保障协议，产品如有质量问题，淘宝先行赔付，请放心选购。

• 亲，自您收到宝贝的7天之内，只要您对我们的产品有任何的不满意，您都可以申请退款，但邮费由您承担，请谅解，谢谢。（温馨提示：亲，退回来的商品请保持吊牌完好，不要影响我们的二次销售哦。）

2.价格的定位高低

由于买家在搜索商品时，可以直接看到很多同类商品的具体信息，而商品价格的高低是影响买家是否购买下单的重要因素之一。一般情况下，买家在购买商品时会比较几家网店中同类商品的价格，这时如果价格太高或者太低，都可能会让买家陷入纠结，价格太高怕上当吃亏，价格太低又担心商品质量不好。很多买家货比三家后都会选择价格适中的商品作为最终购买的商品。作为电商客服，也要思考当遇到了这类关心价格问题而犹豫不决的买家时应该怎么来应对。

【读一读】

当买家觉得价格不合心意时，客服可以如下回答：

• 亲，这是一款物超所值的鞋子：头层牛皮制作，极致柔软；意大利大师设计，国际范的款式，引领当下潮流；手工走线清晰可见，更显高端大气；纯橡胶鞋底，耐磨性出色。亲，这个品牌的鞋子在实体店要卖350元哦。如此物超所值，值得购买！

• 亲，我们店产品的定价都是统一的，只在促销时会有一些价格上的优惠。不过，我们可以赠送给您一把勺子、一个蒸架。这些单独购买的话，也需要几十块钱哦！

• 亲，我想告诉您这个品牌的内衣都是从国外直接进货，运费、人工费，再加上其他的费用，您自己可以算一算。不瞒您说，这个品牌的产品留给我们自己的利润是非常少的。亲，您可以想想我们的价格是否合理？

3.商品的客观评价

当买家选定了价格合适的商品时，接下来，大多数的买家就会去查看购买过此商品的其他买家对商品的评价。因为商品评价是购买过该商品的买家就针对该商品与商品描述的实际相符程度、卖家售后服务程度和物流快递等情况给出的综合性评价，也是影响买家是否购买的重要因素。所以一般情况下，买家会在商品评价区里看到该商品的真实情况反馈。

【议一议】

夏天来了，假如你想要购买一件T恤，你最想在评价区看到关于这件T恤的哪些内容呢？

可以在其他买家的评价中看到有没有色差，

图2-2-1 T恤

面料如何，质量是否良好，上身的效果如何等情况。买家还会查看有没有中差评的情况，并查看中差评的次数和原因。如果买家看到了负面的评价，他们会认为商品存在问题，从而打消购买的念头。这种时候，需要买家及时解除这种情况的存在。

4.商品的详情介绍

买家在网上购物时是无法看到实物的，所以只能依赖网店店铺中提供的商品主图和详情页面的介绍来了解商品信息。因此网店店铺中的商品形象图片或者视频会很大程度影响到买家的购买欲望。如果店铺中的商品主图片很普通，没有经过任何后期的修饰，这样会让买家觉得卖家太随意、不专业，可能会联想到商品质量是不是也不怎么样。又或者是买家想要看一些商品的细节，但是卖家又没有提供，那么买家就会失去购买兴趣，从而放弃购买。作为客服，面对有这样疑虑的买家又应该要如何来争取呢？

【试一试】

公司准备销售一款女士发夹，刘艳师傅准备让美美来梳理产品买点并制作商品详情页。请同学们和美美一起想一想，应该从哪些方面来介绍这些发夹呢？

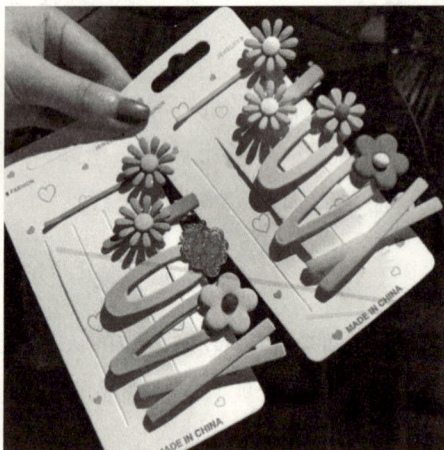

图2-2-2　发夹

5.与客服的沟通体验

除了商品本身的综合竞争力外，客服的服务也能影响买家购买商品。很多买家在购买之前会先询问客服一些有关商品的情况，客服对买家所提问题是否及时给予答复，客服的答复是否能解决买家疑虑，与客服的沟通过程是否能让买家感到愉快等，都会影响最终的购买情况。作为客服，就要考虑如何把握买家的心理活动，让买家更加满意。

6.店铺信誉评分

一些买家还会关注网店店铺的信誉评分情况，在购买的时候也会选择信誉评分较高的网店店铺。因为店铺的信誉评分是由其他买家评价而来的,在大多情况下买家会认为网店的信誉越高,就越值得信任。所以,针对同样的商品,买家也有可能会选择信誉较高的一家店铺。作为客服,我们应该要以正确的方式对买家进行引导。

【想一想】

同学们思考一下,除了以上几种买家网上购物心理外,还有哪些情况呢?

活动2 了解接待流程

网络购物销售不同于实体店销售,面对买家的情况也是大不相同的。买家不能直接触摸商品,那么客服应如何来接待买家呢? 一般来说,售前客服接待流程大概有如图2-2-3所示几个环节。

主动问好 ➡ 明确需求 ➡ 推荐产品 ➡ 引导下单 ➡ 订单跟进 ➡ 核实订单 ➡ 关注店铺 ➡ 礼貌告别

图2-2-3 售前客服接待流程

1.主动问好

主动向买家问好,设置欢迎语,要素包括店铺名、客服昵称、表情。作为售前客服,首先就应该向进店的买家主动问好、热情招待,尽量做到第一时间回答解答买家的疑问,这样会让买家感觉自己被重视了。客服用语要让进店咨询的买家感到亲切与温馨,让他们觉得为他们服务的客服是有礼貌、有素质的。

2.明确需求

售前客服要与买家沟通,明确买家需求,并解答买家疑问。在面对解答买家疑问的询问下,要有耐心地跟买家讲解,明确买家的想法,尽量用比较专业和数据化的语言跟买家交流与协商,这样能体现客服的专业性。

3.推荐产品

推荐关联产品,引导买家购买主推款及搭配套餐,提升客单价。客服可以根据店铺货源库存情况,在大概了解买家的喜好后,向买家进行产品推荐。可以向买家推荐店铺近期销售较好的产品,也可以向买家推荐一些搭配套餐或其他包邮的产品。

4.引导下单

告知买家店铺正在进行的促销活动,推荐买家参与活动,引导买家下单购买。一些买家在购买商品时,可能只关注所买商品的特征,对店铺的其他信息不太在意,或者是不知道。这个时候客服就可以告知买家店铺的促销活动信息,待买家了解后,询问买家是否愿意参与,从而引导买家购买更多商品。

5.订单跟进

在向买家介绍商品情况、解答买家询问疑问后,还要确认买家是否已经下单。如果买家迟迟没有下单，就需要询问买家未下单的原因，了解买家的需求，推荐其他更合适的商品，也可以给出一些优惠，打消买家购买商品的顾虑，促成买家下单。需要注意的是，沟通过程中要尊重买家的意愿，不可强买强卖。

6.核实订单

买家成功下单后，如果满意客服的解答，一般情况下会决定购买并付款。在买家付完款后，需及时和买家核对订单信息进行订单确认，要确认包括快递公司、商品信息、收货人姓名、电话和详细收货地址等具体信息。

7.关注店铺

在和买家沟通过程中，可以推荐买家关注店铺的微博、微信账号，收藏店铺，告知买家在关注收藏后，可以第一时间了解店铺后续各种促销活动，提醒买家及时参与。

8.礼貌告别

售前客服最后应感谢买家的信任与支持，说一些祝福语并欢迎其再次光临，并告知售后问题解决方案，尽量争取买家收货后的好评。礼貌的告别能让买家留下良好的购物体验及对店铺的好感，提高买家的回头率。

表2-2-1　售前接待环节

八个环节	环节内容	对话内容
环节1	主动向买家问好	亲，您好。欢迎光临我的小店，我是客服美美，很高兴为您服务。
环节2	明确买家需求	亲，这款外套有S/M/L三种型号，请问您需要哪种型号呢？
环节3	关联产品推荐	亲，我们家的这款鞋子卖得特别好，而且款式、样式和颜色都很新潮，是一款百搭款，您不妨一下哟！
环节4	告知店铺活动	亲，我们小店最近有一周年的促销活动，购买店铺内的任意商品，即可参与本次活动，有很多优惠，您可以去店铺首页看一下详细情况，千万不要错过哟。
环节5	下单进行跟进	亲，如果还有不了解的地方，可以随时联系我，本店还有几款适合您的商品，我可以为您推荐，不妨看看。
环节6	核对订单信息	亲，看到您的订单啦，请核对订单信息，这几天保持手机畅通哟。
环节7	邀请买家关注店铺	亲，您可以收藏并关注我们店铺的微博、微信哟，有优惠活动方便您查看哟。
环节8	礼貌告别	亲，感谢您的支持，希望您能给予好评，期待您的下次光临，祝您生活愉快！

【典型案例】

买家小琳想买一把防晒伞，她看好了一款比较满意的，于是开始和客服美美询问商品的相关情况。

表2-2-2　客服美美与买家对话表

买家	老板，在吗？
客服美美	亲，在的，正等着您呢！很高兴为您服务！
买家	你家新款防晒伞还有吗？（注：这款刚好卖完了）
客服美美	真是不好意思，这款卖完了，有刚到的新款，给您看一下吧！
买家	其他款价格还能再便宜点吗？
客服美美	亲，本店的特价商品已经是折后价了哦，很实惠呢！
买家	也不知道质量怎么样！
客服美美	宝贝虽然有点贵，但是值这个价呢！宝贝的原料、品质、包装、售后，客人都觉得不错哦！该给的优惠，您不说我们也会给您的，我们是正品专卖，您请放心！
买家	还是再看看吧！
客服美美	亲，您看中的这款产品是我们店卖得比较好的，质量上绝对没有问题，而且请您放心，我们已加入信消保，并也提交了保证金，品质100%保证，假一赔十！如果不满意，支持7天退货哟。
买家	……
客服美美	亲，本店正在搞活动，这款产品和店里其他几款都可以参加活动哦，享受折上折的优惠，还可以返还现金的。
买家	我现在下单，3天能到吗？
客服美美	亲，如果您现在下单，可以马上发货，按正常的派送时间，应该能按时送到的。但是如遇天气原因，航班延误，我们是承诺不了3天到货的，如果不能及时送到，还请谅解哦！
买家	那好吧，我现在就去付款。
客服美美	好的哦，等下还需要您确认一下订单信息，没问题的话，这边就可以为您处理订单了。
买家	好的。
客服美美	感谢您购买我们的产品，合作愉快，欢迎下次光临。记得关注本店哟，有活动会第一时间通知您。

【做一做】

请同学们根据所了解的售前客服接待流程知识，将此对话转化为流程图，动手画一画吧。

活动3　掌握沟通技巧

如今网购市场日益壮大，一个网店店铺的生意好坏，当然离不开顾客与商家之间良好的沟通，其中客服起到了至关重要的作用。买家通过客服了解商品，网店通过客服为买家提供好的服务,塑造店铺形象,提高成交率和回头率。那么,如何培养客服良好的沟通技巧呢?

1.培养良好的态度

客服要有良好的态度,这是客服最基本的素质。在与买家沟通时,要像对待朋友一样对待买家。

- 您好,我是客服美美,很高兴为您服务,有什么我可以效劳的?(可加上笑脸表情)
- 您好,欢迎光临××旗舰店,客服美美竭诚为您服务!
- 很高兴为您服务,有什么可以为您效劳的。
- 抱歉,让您久等了。

2.服务要真诚而热情

怎样才算是对买家真诚?简单地说就是"以心换心",你如何对待买家,买家便如何对待你。想要做成买卖,就需要对买家真诚。同时,还要有热情,如果买家感受不到你的热情,他们就会觉得自己并不受重视,沟通就会变得不顺畅。只有拿出你的热情,沟通才有可能成功。

- 呵呵,这真的让我很为难,我请示一下组长,看能不能给您一些折扣,不过估计有点难。亲,请您稍等……
- 非常抱歉,你说的折扣很难申请到,要不您看这个价位可以吗?我可以再问一下,否则我真的不好办。
- 亲,真是不好意思,这款卖完了,有刚到的其他新款,给您看一下吧。

3.了解买家心理

摸透买家的心理,是与买家沟通良好的前提。只有了解对方的心理和需求,才能在沟通过程中有的放矢,甚至可以适当地投其所好。另外,还要善于倾听客人的想法,让客人感到你是在认真对待他的问题,从而相信你能够给他带来好的服务,这样才可以为你后续的工作奠定良好的基础。

- 亲,我们这款卖得很火,库存没有多少了,如果您需要的话,就要尽快下单哟。
- 亲,您看中的这款宝贝是有现货的呢。现在全场做活动,满20元就有活动,您可以看一下。
- 亲,我们是10年老店,相对其他店铺,各方面评价还是挺好的,您可以比较一下哟。
- 亲,您现在拍下的话,今天内就可以为您安排发货的呢。

4.精确专业的推荐

作为客服必须要了解网店的基本情况,包括商品的基本信息及销售情况等,还要具有一定的专业产品知识,可根据产品本身具备的优势和特质进行详细说明,这样才能有针对性地向买家推荐适当的商品,从客观的角度给买家专业的解释。

- 亲,让您久等了,这两款产品风格简洁、时尚,很受年轻人喜欢哦,这是链接地址。
- 好吧,如果您相信我个人的意见,我给您推荐几款,纯粹是个人意见。
- 亲,非常抱歉这款宝贝已经没有现货了呢,您可以看一下这款哦,两款宝贝的质量都是非常不错的,款式和价格也相差不多呢。

5.适当的赞美

很多时候,人们都喜欢听好话。当客服在与买家的交流过程中,也需要客服人员适当地赞美买家,这样会让买家觉得自己受到了重视,心情也会变得愉悦。对买家进行适当的夸赞,可以让买家感受到客服人员的亲和力,这也会给沟通带来便利。但是也要注意不是所有买家都喜欢被赞美,应该避免适得其反的情况。

- 亲,您的眼光真不错,我个人也很喜欢您选的这款。
- 咱家这款夹克与您的性格很配哦,它就是专门为您这样有个性的人准备的,穿上它更能彰显出您的个性,亲要尽快下单哦!
- 嘿嘿,咱家小店的化妆品都是来自韩国,能让您越来越漂亮。特别是这款保湿的,效果特别好。买化妆品侧重保湿就OK了。

6.学会随机应变

客服每天都会遇到形形色色的买家,面对不同的买家需要采用不同的沟通方式。当买家的要求无法达到时,要学会拒绝,学会道歉;当买家满意你的服务时,要学会感激。所以,客服要学会因地制宜、随机应变,这样才能保证沟通的效果。

- 亲,很抱歉,我们对每一个顾客都是公平和公正的,所以还请您理解和支持。
- 亲,很抱歉,店铺的价格都是经过再三考虑的,利润真的很有限,所以请您多多理解我们。
- 亲,我们不会多收您一分钱的,快递公司收多少,我们就收多少哦。

【典型案例】

买家小强需要一个男士双肩背包,他找到一款背包,但是只有黑色的,于是他问客服美美能不能买到其他颜色。

表2-2-3　客服美美与买家对话表

买家	老板在吗?
客服美美	亲,在呢,有什么需要我为您服务的?
买家	我想问下,这款背包只有这种颜色吗?
客服美美	不好意思,这款背包目前只有黑色的,我们店还有其他款式的,有多个颜色,我可以发给你看下。
买家	好,我看下吧。
客服美美	好的,您稍等,我马上发给您。
买家	这款的材质和之前那款是不是一样的?
客服美美	亲,您放心,我们店里的背包材质都是头层牛皮,这款背包比之前那款的外观简洁点,相对来说也更休闲些,容量也大。
买家	这款有没有优惠?
客服美美	亲,现在有满100省20元的活动哟。

续表

买家	感觉有点贵啊。我看其他地方一样款式的背包，价格要便宜很多。
客服美美	亲，背包重要的是质量，一分钱一分货哦，而且我们店有质量保证，如有破损包退换哦。
买家	能再便宜点就好了。
客服美美	亲，我们都是小本生意，价格已经很优惠了！
买家	给点优惠吧，东西好的话，下次还来光顾。
客服美美	亲，这样吧，你买了后给五星好评，返回你20块，您看行吗？
买家	感觉这款样式也可以。
客服美美	亲，真的呢，我为你推荐的这款也是卖得比较好的，评价都挺好的。我们店里也有便宜点的，但质量稍微差一点，感觉您还是比较关注产品的品质，所以特意为您推荐的这款。
买家	那行吧。
客服美美	亲，您太爽快了，和您做生意真是太愉快了。

【做一做】

请同学们针对以下简短对话内容，找出其中存在的问题，并进行更正。

买家	在吗？
客服美美	在！
买家	你家新款白色的鞋子还有吗？
5分钟后……	
客服美美	没有了。
买家	那什么时候才能有啊？
客服美美	这个暂时还不知道，您可以看看其他款式。

【任务拓展】

一、填空题

1.作为电商客服，理应了解买家_____这种最根本的心理想法。

2.客服需要具有_____，这个是客服最基本的素质。

二、单选题

1.下列不是买家购物时所看中的因素的是（　　　　）。

　　A.产品价格　　　　B.产品重量　　　　C.产品质量　　　　D.产品评价

2.下列沟通技巧中，错误的是（　　　　）。

　　A.真诚热情　　　　B.适当赞美　　　　C.卖弄专业　　　　D.随机应变

三、判断题

1.充分了解买家心理,可以有效提升订单,促成交易。　　　　　　（　　）

2.客服需要根据前段对话,以及买家购买的产品,快速总结买家喜好及需求,根据买家的喜好和需求进行1~2款关联产品的推销。　　　　　　（　　）

3.很多买家在挑东西时,总是喜欢四处比较,如果客服不去跟进,很大的可能就是订单流失。　　　　　　（　　）

4.客服应尽量多使用专业术语,让买家了解商品情况。　　　　　　（　　）

5.当买家多次希望能够有优惠时,客服可以直接答应。　　　　　　（　　）

6.礼貌告别,可以增加客户体验。　　　　　　（　　）

［任务三］ NO.3

了解网店商品特性

【情景设计】

　　夏天到了,公司新上架了一款减肥产品,刘艳师傅提前把这款产品的简介给了美美,让美美熟记这些内容,同时告知明天工作中有可能要用到。作为新人,美美不敢懈怠,她赶紧打开资料认真地背诵起来。

　　第二天,刘艳师傅给每位客服人员安排好工作后,大家就各自到工作岗位上班了。美美没想到,师傅让她昨天熟记的内容在今天真的排上了大用场。

【情景再现】

　　买家:这药是正品吗?

　　客服美美:亲,我们的药品是中草药成分,专柜正品哟。

　　买家:可我怕用了没有任何效果!

　　客服美美:亲,我可以教给您验货方式。您可以扫描包装上的二维码,就能看到相关的药品信息。至于您说的没有效果,我也可以告诉您,咱们这款药品是纯中药制剂,含的成分是纯植物提取精华,中药起作用比较慢,这是咱们都知道的。只要您按照说明书使用,一定能够见到成效。

　　买家:哦,原来是这样啊,那我就放心了。

【情景分析】

有些时候，并不是所有劝服诱导的方式都能取得预期的效果。有些买家似乎能够看透客服人员的用心，他们丝毫不为劝服诱导所动。针对这类买家，客服人员可以采取事实陈述的方式。所谓事实陈述，是把出现问题的原因不加修饰地表述出来。客服美美面对买家提出的药品没有效果的问题，就是从中药起效慢说起，最终说服了买家。

从这个案例中我们可以看到，能让买家下单的重要因素之一就是客服美美充分掌握了产品的相关知识信息，在买家向她咨询时，能及时专业地做全面说明，打消顾客疑虑。

【任务实施】

网络店铺就是网络超市，商品包罗万象，应有尽有。要成为一名优秀的网店客服人员，必须牢牢掌握网店商品的属性，如果将商品的基本情况熟记于心，不仅无惧买家的提问，甚至可以抓住买家询问的细节，了解买家的喜好，从而在合适的时机向顾客推荐心仪的商品。

活动1　了解网店商品的分类情况

商品的分类，是指按照一定目的，为满足某种需要选择适当的分类标志和特征，将商品集合科学地、系统地逐次划分为不同的大类、中类、小类、品类或品目、品种、规格、品级等细目的过程。下面我们以淘宝电商平台为基础进行介绍，目前淘宝平台共有16个大类，每个大类下又分很多小类，具体如图2-3-1所示。

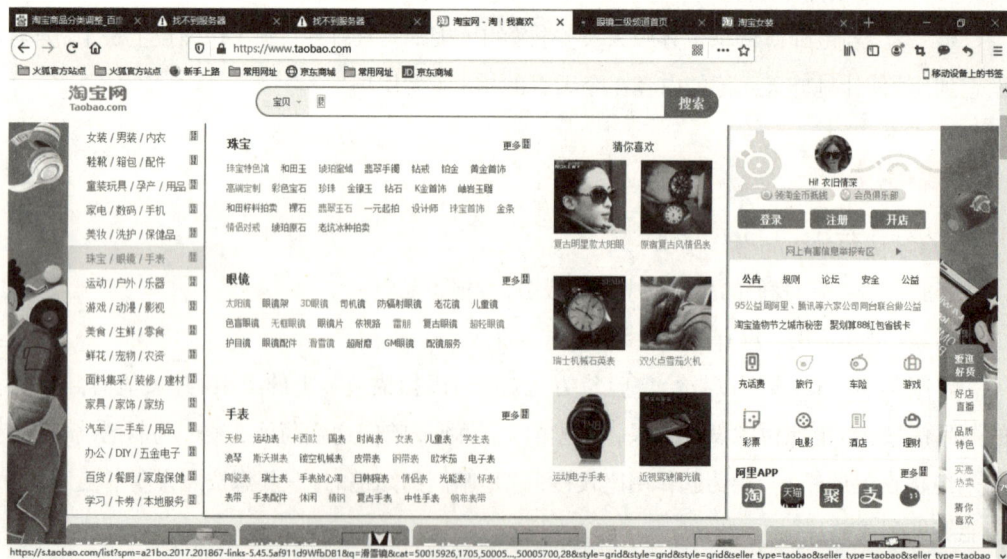

图2-3-1　淘宝首页分类图

在家电数码手机大类中，数码分为无人机、二手数码、二手手机等小类；而家电又分为蒸汽拖把、除螨仪、净水器、吸尘器、扫地机器人等27个小类，具体见表2-3-1。

表2-3-1 家电二级分类

商品分类	一级分类	二级分类
	家电	蒸汽拖把
		除螨仪
		净水器
		吸尘器
		扫地机器人
		……

在珠宝眼镜手表大类中，眼镜分为太阳镜、眼镜架、3D眼镜等20种小类，具体见表2-3-2。

表2-3-2 眼镜二级分类

商品分类	一级分类	二级分类
	眼镜	太阳镜
		眼镜架
		3D眼镜
		防辐射眼镜
		老花镜
		儿童眼镜
		色盲眼镜
		眼镜片
		无框眼镜
		……

【试一试】

请同学们上淘宝平台查询出下列商品的一级分类名称，并完成表2-3-3。

表2-3-3 商品分类表

商 品	一级分类
平板电脑	
女裤	
毛衣	
水杯	
项链	
文件夹	

活动2 熟悉网店商品的特性

美美学习完了商品分类,但还不知道什么是商品特性,师傅告诉美美,商品是可以满足人们需求的载体,它可以分为有形商品与无形商品。

有形商品具有实物形态,是通过交换能够带来经济利益的劳动产品,所具有的特性有性能、外观、材质、配件和资质等,如衣服、键盘、电脑、手表等实体商品。

无形商品是指对一切有形资源通过物化和非物化转化形式使其具有价值和使用价值属性的非物质的劳动产品及有偿经济言行等,它所具有的特性有服务质量、使用感受、旅游体验等,如旅游门票、电子客票、网上保险、网上汇款、数字卡、网上教育、计算机软件、娱乐产品消费、订票服务、信息服务等。

美美初步了解到不同的商品具有不同的商品特性,如图2-3-2所示。

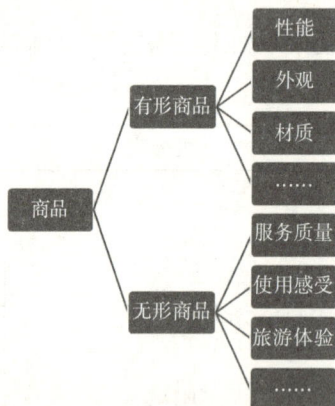

图2-3-2 商品特性分类

了解了电子商务商品的一些基本特性后,下面在图文中找一找"爱可乐"拉杆箱的特性。

【典型案例】

"爱可乐"拉杆箱简介

"爱可乐"品牌于1964年创立于日本,迄今已有50多年的品牌历史。该品牌的意式罗马柱纹面明星款拉杆箱于2015年冬季上市,此款商品的设计师灵感来自古代罗马柱。箱子采用PC材质,轻盈坚韧,能抵御挤压磕碰,防刮耐磨,自带闪耀"高光"。箱体正面比爱可AMOS旅行箱增加5 cm,置物空间增加12.5%。双排八轮顺滑静音的设计带给旅客不一般的出行体验。拉杆箱采用全铝合金强韧拉杆,三段式挡位调节,力学抗压弯折的设计能负重30 kg。经过2 500次震荡拉舒伸测试,提手底部增加TPR软垫,触感亲肤,提拉无压力。箱子拥有严密防盗TSA海关锁,并且内里增加独特内隔板涤纶,让细碎物品能分门别类。本店所提供的拉杆箱有20 in[1]、22 in、24 in、26 in、28 in,红、银、黑、红4种可选。

---

1 1 in=2.54 cm。

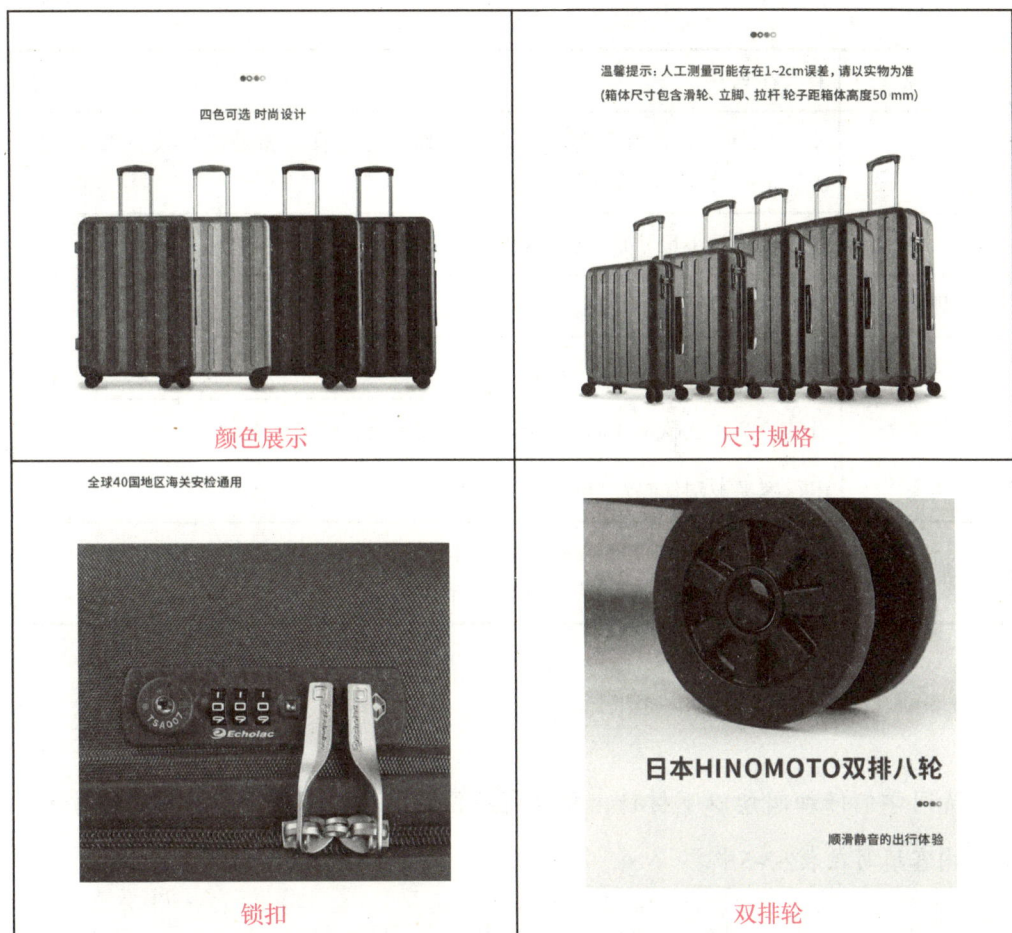

四色可选 时尚设计

颜色展示

温馨提示：人工测量可能存在1~2cm误差，请以实物为准
（箱体尺寸包含滑轮、立脚、拉杆 轮子距箱体高度50 mm）

尺寸规格

全球40国地区海关安检通用

锁扣

日本HINOMOTO双排八轮

顺滑静音的出行体验

双排轮

图2-3-3　"爱可乐"拉杆箱图示信息

　　我们对上述商品的图文信息进行整合后，可以从中提炼出"爱可乐"拉杆箱这个商品的特性如下：

品　牌	爱可乐	材　质	PC
风　格	时尚	性　别	男女通用
有无拉杆	有	滚轮样式	双排八轮
里料材质	涤纶	箱包负重/kg	30
锁的类型	TSA密码锁	是否带锁	是
尺寸/in	20、22、24、26、28	颜色分类	红、银、黑、红
内部结构	拉链暗袋，手机袋，证件袋，夹层拉链袋	上市时间	2015年秋冬

【学一学】

　　同学们，现在请根据"爱可乐"拉杆箱的特性，我们一起来模拟买家与客服美美的对话场景吧。

表2-3-4　买家与客服美美对话表

买家	有人在吗？
客服美美	亲，您好！我是客服美美，欢迎光临爱可乐官方旗舰店！很高兴为您服务！请问有什么需要帮助的吗？
买家	这款箱子最小尺寸是多少？我需要直接登机。
顾客	亲，这款箱子最小是20 in，可以直接过安检登机，方便随身携带。
买家	我想要大红色，有现货吗？
客服美美	有的，亲，这款是我们的经典色，气场十足，很有范儿。
买家	出行容易被刮伤吗？
客服美美	亲，我们的产品采用德国拜耳PC材质，轻盈坚韧，能抵御挤压磕碰，防刮耐磨，自带闪耀"高光"。所以亲请放心我们的产品。

【做一做】

请同学们仔细阅读以下材料，整合商品信息后模拟买家与客服美美的对话，并将内容填写在表2-3-5中。

"好想你"枣夹核桃简介

"好想你"枣业股份有限公司作为国内红枣行业规模最大、技术最先进、产品种类最多、销售网络覆盖最全的企业，其前身源自1997年成立的河南省新郑奥星实业有限公司。

"好想你"枣业股份有限公司以"赢者就是变者，变者就是胜者，持之以恒"的理念为指引，不断进行全面创新，推动企业发展。为了对顾客负责，"好想你"公司生产的每一颗枣夹核桃都是精挑细选出来的。大红枣选自新疆，新疆气温温差较大，日照时间充足，光热资源丰富，更适合大枣糖分积累。新疆骏枣个大饱满果肉厚实，阿克苏核桃喷香酥脆，原味无漂白。枣夹核桃采用光影筛选技术后经过机器分选，再烘干，再通过人工两次精检，冷库存储、清洗、冷链杀菌等工序制作而成。每袋218 g，开袋即食，保质期可长达9个月。送给爸妈、送给爱人、送给朋友、送给孩子都是很放心的馈赠佳品。

果肉

包装

特性展示

加工车间

图2-3-4 "好想你"枣夹核桃图示信息

表2-3-5 买家与客服美美对话表

买家	在吗？
客服美美	
买家	这枣夹核桃，需要洗后再吃吗？
客服美美	
买家	果实的果核去掉了吗？
客服美美	
买家	如何清除杂果、坏果呢？采用了啥技术？
客服美美	
买家	有包装袋吗？多大规格的？
客服美美	
买家	红枣和核桃是当季生产的吗？红枣的表皮怎么这样红呢？
客服美美	

活动3　熟悉网店商品的促销活动

在电商网站，大家经常见到各种促销活动，如买赠、特价、满减等。特别是"618""双11"等节日，大家会特别关注促销活动。那你有思考过电商产品有哪些促销活动类型吗？

促销活动类型主要有两种：第一种是单品促销（图2-3-5），借店铺开展各项活动之际进行买赠、限时购、特价、预售、加价购等促销活动；第二种是多品促销，借店庆、周年庆、节日活动等进行满减、满免、减满折、套装等促销活动（图2-3-6—图2-3-8）。一般店铺会根据不同的促销目的采取不同的促销方式，活学活用，大多是多种促销方式相结合。

红包和抽奖促销是淘宝网上常见的促销手段。红包（图2-3-9）是淘宝网上专用的一种促销方式，各位卖家可以根据各自店铺的不同情况灵活制订红包的赠送规则和使用规则；抽奖促销（图2-3-10）是一种有博彩性质的促销方式，也是较为常用的促销方式之一，选择有诱惑力的奖品，可以吸引消费者来店，促进产品销售。

图2-3-5　单品促销

图2-3-6　店庆折扣促销

图2-3-7　多品促销

图2-3-8　满减优惠

了解了店铺活动的促销方式后，作为客服应该如何向顾客介绍店铺的促销活动呢？一起来看看吧。

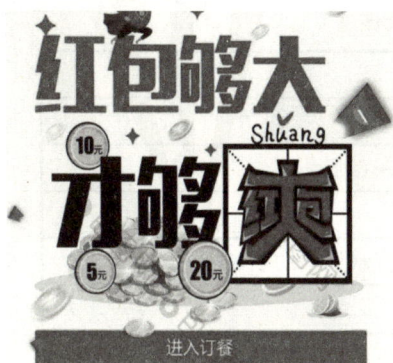

图2-3-9　店铺红包

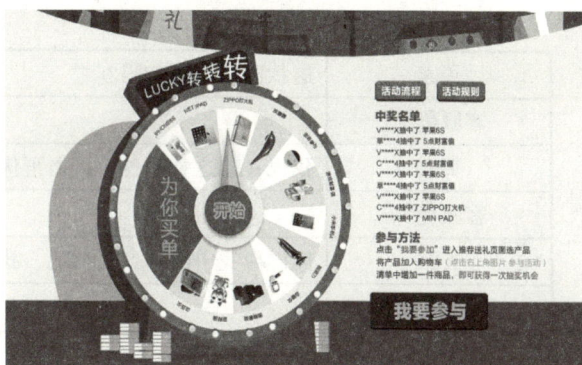

图2-3-10　店铺抽奖

表2-3-6　客服话术

客服话术	语言情景
您好，我是客服美美。很高兴为您服务，您刚才说的商品有货。现在满×××元有减×××元活动。（这个要看顾客提问的商品价值而推荐）	满减活动
您好，很高兴为您服务，您刚才说的商品有货。我们现在正在做活动：满×元减×元。（以此类推）	活动优惠
亲，收藏一下小店哦，以后有活动或新款上架方便直接联系！	收藏
您好，我最大的折扣权限就是×××元上给您打97折。要不我给您打个97折吧，谢谢您的理解啦~（合适的表情）	还价 活动 优惠
呵呵，您真的让我很为难呀！我请示下领导，看能不能给您95折扣，不过估计有点难，您稍等哈~（合适的表情）	
亲爱的买家，真的非常抱歉，您说的折扣真的很难申请到，要不您看×××元可以吗？否则我真的不好办！（合适的表情）	
亲，您好，我最大的折扣权限就是300元以上打9折，谢谢您的理解。	

【做一做】

图2-3-11是小天才官方旗舰店出品的第六代全网通4G双摄蜘蛛侠智能儿童电话手表。

根据提供的图文素材，如果你是售前客服美美，你应该如何回复以下问题呢？一起来完成表2-3-7。

专属表盘 玩转冰晶
定制主题 开启冰雪世界

图2-3-11　儿童电话手表

表2-3-7　客服美美与买家对话表

买家	这款商品有折扣吗？
客服美美	
买家	我很喜欢这款颜色，价格再优惠一点吧。
客服美美	
买家	你再帮我申请一点折扣吧，我很喜欢你们的手表哦。
客服美美	

【知识拓展】促销方式

会员、积分促销：所有购买公司产品顾客，都会成为公司的会员，会员不仅可享受购物优惠，同时还可以累计积分，用积分免费兑换商品。采用这种促销方式，可吸引客户再次来店购买以及介绍新客户来店购买，不仅可以使客户得到更多的实惠，而且有利于巩固老客户，拓展新客户，增强了客户对网店的忠诚度。

折扣促销：折价亦称对折、折扣，是目前最常用的一种阶段性促销方式 。由于折扣促销直接让利于消费者，让客户非常直接地感受到了实惠，因此，这种促销方式是比较立竿见影的。

买赠促销：其实这是一种变相的折价促销方式，也是一种非常常用而且有效的促销方式之一。

【任务拓展】

一、选择题（第一题为单选，其余题目均为多选）

1.节庆活动、店铺周年庆等活动属于（　　　　）。

　　A.店外活动　　　　　B.店内活动　　　　　C.天猫官方活动　　　D.淘宝官方活动

2.活动期间，顾客关注的问题有（　　　　）。

　　A.产品情况　　　　　B.物流情况　　　　　C.售后情况　　　　　D.纠纷情况

3.产品手册内容包括（　　　　）。

　　A.品牌、款式　　　B.图片、价格　　　　C.尺码、颜色　　　　D.数量、材质、面料

4.店铺里包含的活动有（　　　　）。

　　A.满就送、满就减　　　　　　　　　B.搭配套餐、搭配宝

　　C.店铺VIP、淘宝VIP　　　　　　　　D.限时折扣、优惠券红包

5.以下属于产品知识范畴的是（　　　　）。

　　A.规格、型号　　　B.风格、潮流　　　　C.材质、面料　　　　D.功效、功用

6.产品知识要素包括（　　）。

 A.品牌、属性 B.风格、人群 C.特性、卖点 D.品类、结构

7.产品类结构可以由（　　）组成。

 A.爆款   B.促销款   C.新款   D.利润款

8.折价亦称对折、折扣，是目前最常用的一种阶段性促销方式，这种促销方式被称为（　　）。

 A.折扣促销 B.会员促销 C.积分促销 D.买赠促销

9.商品是可以满足人们需求的载体，有形商品的特性有（　　）。

 A.性能   B.外观   C.材质   D.配件和资质

10.以下属于无形商品特性的有（　　）。

 A.旅游门票 B.电子客票

 C.网上保险 D.网上汇款

 E.数字卡

二、综合训练题

通过观看短视频，同学们能总结出该手表的商品特性吗？

1.如果你现在承担了主营此商品的售前客服岗位，你觉得应该了解哪些信息呢？

2.收集这款手表的特性，如果你是某网店的一名售前客服工作人员，请回答表2-3-8中的问题。

图2-3-12　苹果智能运动手表

表2-3-8　客服美美与买家对话表

买家	这款手表晚上没有灯光可以看清时间吗？
客服美美	
买家	这款手表能测心率吗？数据是否准确？
客服美美	
买家	能不能提醒我锻炼身体呢？
客服美美	
买家	表盘的材质是什么？能沾水吗？
客服美美	

[任务四]

NO.4

了解网店平台的即时通信工具

【情景设计】

美美了解了售前客服的岗位职责、沟通技巧等知识后,她正式开始了售前客服实习工作。客服经理要求她先去网上下载并安装网店平台的即时通信工具,并熟悉工具的界面和功能。

【情景再现】

买家:在吗?

客服美美:您好! 在的,很高兴为您服务。请问有什么需要帮助?

买家:我刚才下了一个订单,您收到了吗?

客服美美:好的,收到了。请您核对一下地址!

买家:地址正确。请问你们发什么快递?

客服美美:我们默认发圆通快递,如果有特殊快递要求,可以备注。

买家:我们这里只有邮政可以收到。

客服美美:没关系,我给您备注发邮政快递吧。

买家:好的,谢谢你。

客服美美:不客气,感谢您的支持,期待下次光临。

【情景分析】

作为客服,利用即时通信工具和买家沟通,解答买家的疑问,促进商品的交易是客服的必备技能。

客服每天要面对许多买家,如何快速与众多买家同时交流,有效地提高工作效率,增加买家的满意度,就需要客服熟悉工具的界面、功能以及常用的插件,将买家常见问题的答案设置为快捷回复,例如"情景再现"中的问候语、快递等高频问题。在店铺大促、人流量大以及夜间的时候,还可以开启店铺机器人,辅助接待。

【任务实施】

活动1 认识网店平台的即时通信工具

随着互联网的发展,不同的网购平台往往使用不同的即时通信工具,如淘宝、天猫、1688平台使用千牛,京东使用咚咚等。下面以千牛工作台为例进行介绍。

1.了解千牛工作台

千牛工作台(简称千牛)是阿里巴巴集团旗下官方出品的一款后台管理软件,不仅拥有聊天、接单功能,还具有强大的插件功能,淘宝网卖家、天猫商城商家均可以使用,与一般的即时通信工具相比,在商业运用上功能更齐全,使用更便捷,其界面如图2-4-1所示。

图2-4-1 千牛卖家工作台界面

千牛工作台主要包含店铺管理工具、经营资讯消息、商业伙伴关系、卖家工作台、消息中心、阿里旺旺、量子恒道、订单数量、插件中心等主要功能,能够快速处理改价和发货等问题,帮助卖家节省不少时间。

2.下载千牛工作台

千牛工作台分为计算机和手机两个版本。其中计算机版本有两种运行模式,即工作台模式和旺旺模式。日常工作若是以管理为主,推荐使用工作台模式;若是以沟通为主,推荐使用旺旺模式。

方法1:打开淘宝网,单击“网站导航”,选择“阿里旺旺”,如图2-4-2所示。

单击“阿里旺旺”弹出的界面,如图2-4-3所示。如果是买家,则下载阿里旺旺;如果是卖家,则下载千牛工作台。

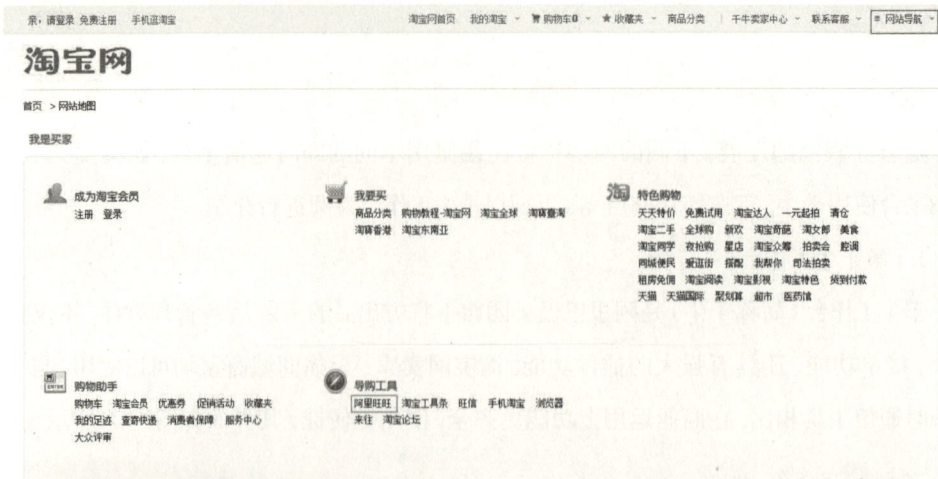

图2-4-2　淘宝网"网站导航"界面

图2-4-3　阿里巴巴客户端产品族

单击"了解更多",则弹出千牛的下载界面,如图2-4-4所示。

图2-4-4　千牛下载界面

方法2:利用软件下载。例如可利用360软件管家下载千牛工作台,如图2-4-5所示。

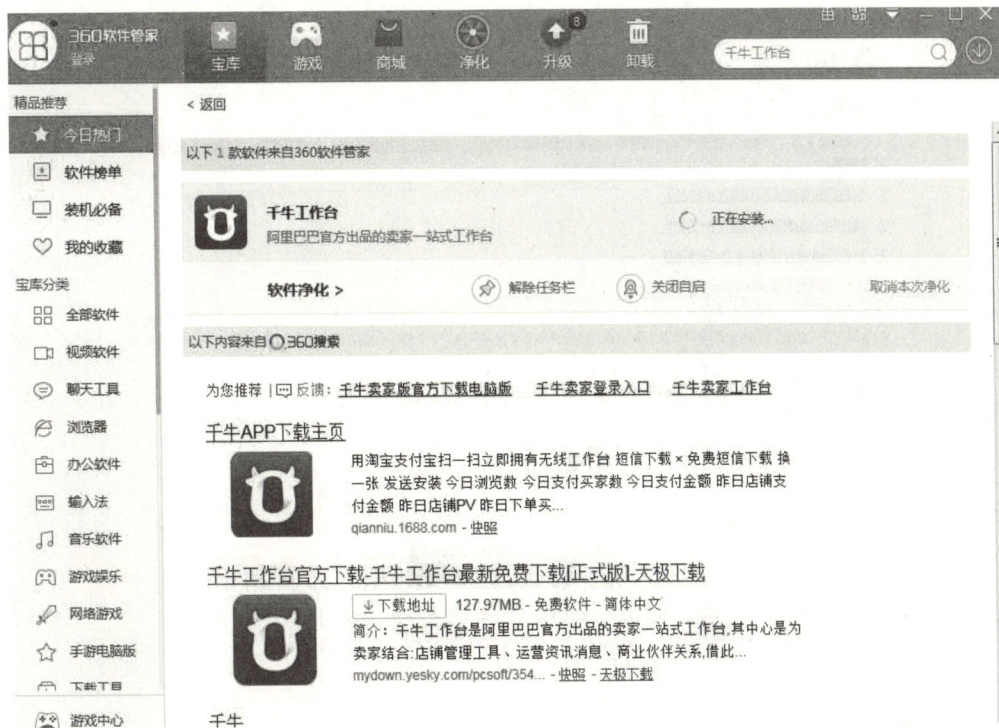

图2-4-5　360软件管家下载千牛工作台

3.注册千牛工作台账号

登录千牛工作台需要账号和密码，登录界面如图2-4-6所示。使用淘宝网和1688网的账号可以直接登录。

图2-4-6　千牛工作台登录界面

如果没有淘宝网账号或者1688的账号，则需要单击"免费注册"，注册一个淘宝账号。

第一步：仔细阅读注册协议，单击"同意协议"，如图2-4-7所示。

第二步：设置用户名和密码。在设置用户名前需要提供一个实名制的手机号码，用于接收验证短信，如图2-4-8所示。

① 设置用户名　② 填写账号信息　③ 设置支付方式　✔ 注册成功

注册协议　　　　　　　　　　　　　　　　　　　　　×

【审慎阅读】您在申请注册流程中点击同意前,应当认真阅读以下协议。**请您务必审慎阅读、充分理解协议中相关条款内容,其中包括:**

1. 与您约定免除或限制责任的条款;

2. 与您约定法律适用和管辖的条款;

3. 其他以相体下划线标识的重要条款。

如您对协议有任何疑问,可向平台客服咨询。

【特别提示】当您按照注册页面提示填写信息、阅读并同意协议且完成全部注册程序后,即表示您已充分阅读、理解并接受协议的全部内容。如您因平台服务与淘宝发生争议的,适用《淘宝平台服务协议》处理。如您在使用平台服务过程中与其他用户发生争议的,依您与其他用户达成的协议处理。

阅读协议的过程中,如果您不同意相关协议或其中任何条款约定,您应立即停止注册程序。

淘宝平台服务协议

隐私权政策

法律声明

支付宝及客户端服务协议

　　　　　　　　　　　　　[同意协议]

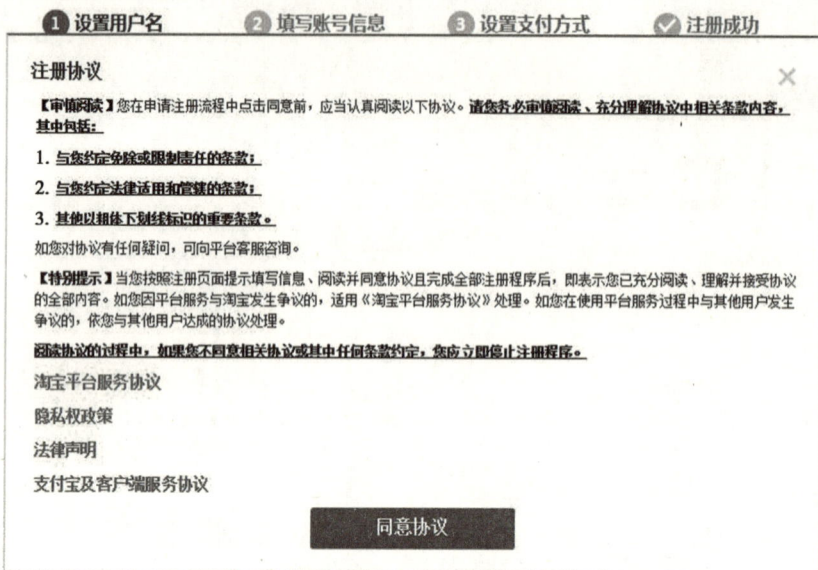

图2-4-7　同意注册协议

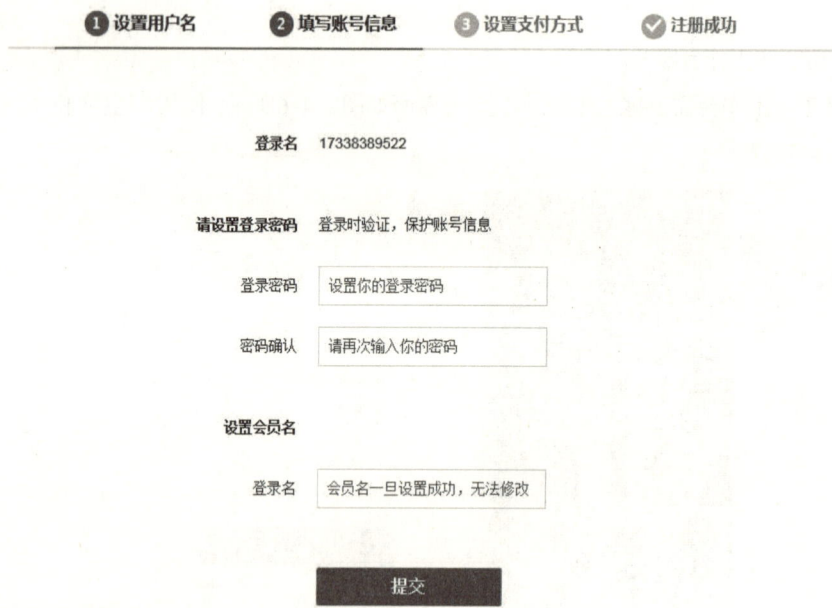

① 设置用户名　② 填写账号信息　③ 设置支付方式　✔ 注册成功

登录名　17338389522

请设置登录密码　登录时验证,保护账号信息

登录密码　[设置你的登录密码]

密码确认　[请再次输入你的密码]

设置会员名

登录名　[会员名一旦设置成功,无法修改]

[提交]

图2-4-8　设置用户名

　　第三步:设置支付方式。这一步需要提供银行卡号、持卡人姓名、身份证号等信息,如图2-4-9所示。如果不设置支付方式则可以直接单击"跳过,到下一步"。

　　第四步:设置完支付方式后,单击"同意协议并确定",则淘宝网账号注册成功。

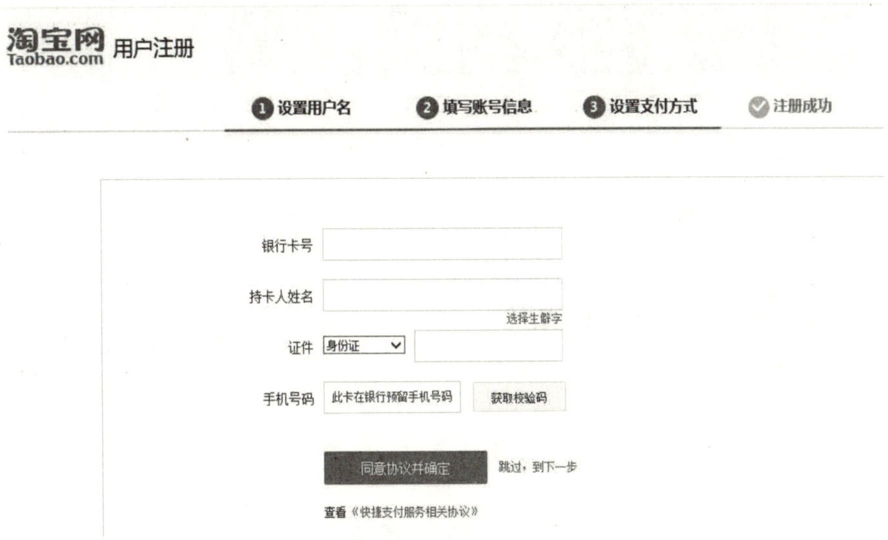

图2-4-9　设置支付方式

做一做

在淘宝网下载千牛工作台，用淘宝账号登录，熟悉其界面的构成。

活动2　熟练使用千牛工作台

当一名客服善于利用即时通信工具的每一个功能时，其工作效率将会大大提高，从而增加接待顾客的人数，提高商品的销量。利用千牛工作台，客服可以完成旺旺咨询接待、订单快速处理、售后跟进、新客订单催付等操作。

1.旺旺咨询接待

打开千牛"接待中心"，可以看到正在咨询的买家，客服应及时与买家交流，了解买家的需求，促进商品的销售。接待中心界面如图2-4-10所示。左上角账号图标处可以设置账号的状态，默认为未挂起。如果设置为挂起状态，买家将不会分流到这个账号。如果客服有事需要离开时，需要将账号设置为挂起状态，以免接入买家，却没有及时回复，增加客服响应时间。

2.订单快速处理

通过千牛工作台，有两种方法可以快速处理订单，提高客服的工作效率。

方法1：进入"插件中心"，添加交易管理的插件。例如可以添加"掌中宝交易"插件，如图2-4-11所示。通过这个插件，可以实现核对地址、修改地址、备注、发货等功能，如图2-4-12所示。

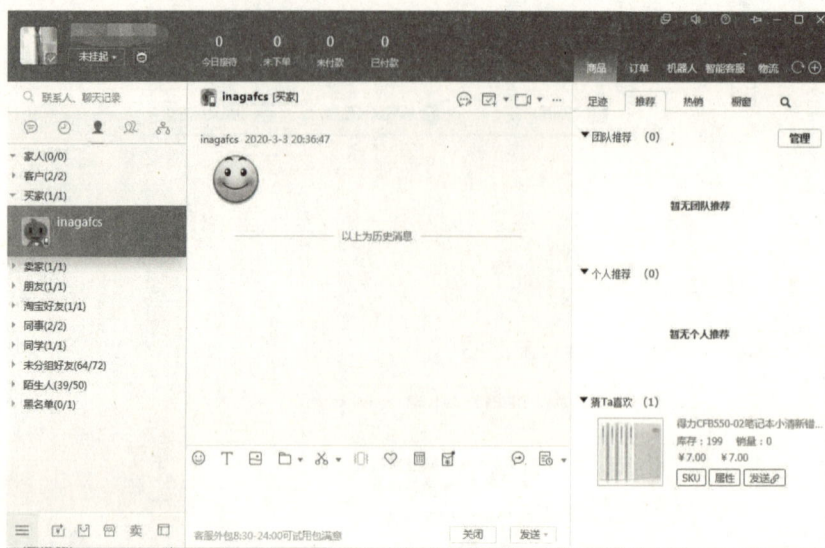

图2-4-10　千牛接待中心

图2-4-11　旺旺插件中心

【知识链接】可以单击"更多应用"进入淘宝服务市场购买插件，帮助卖家进行交易管理、商品管理、数据分析、促销管理、客服绩效等工作。

方法2：在千牛工作台的"消息中心"，可以订阅交易消息，如图2-4-13所示。设置消息弹窗，当有订单时则会弹出消息，以便快速处理订单，如图2-4-14所示。

3.售后跟进

千牛提供退款消息、退款订单处理、最近联系客户跟进、创建客户维护任务、订单催付等功能。

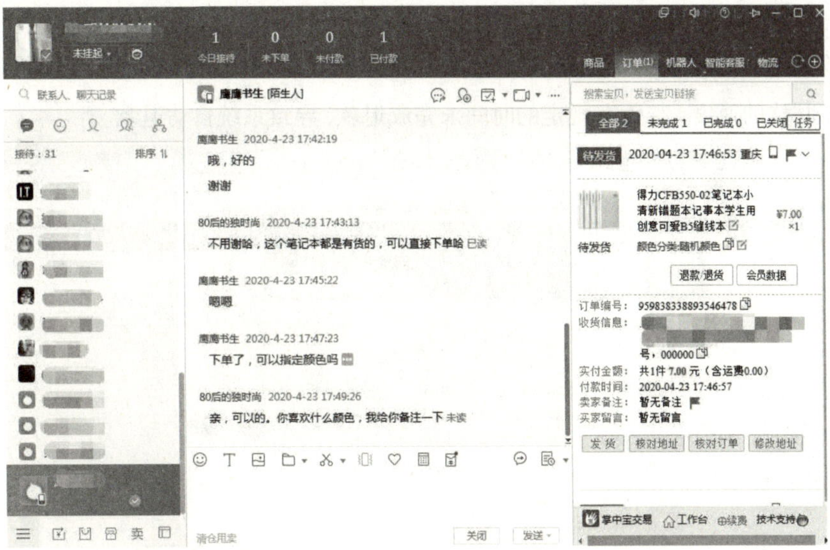

图2-4-12　添加"掌中宝交易"插件后的订单界面

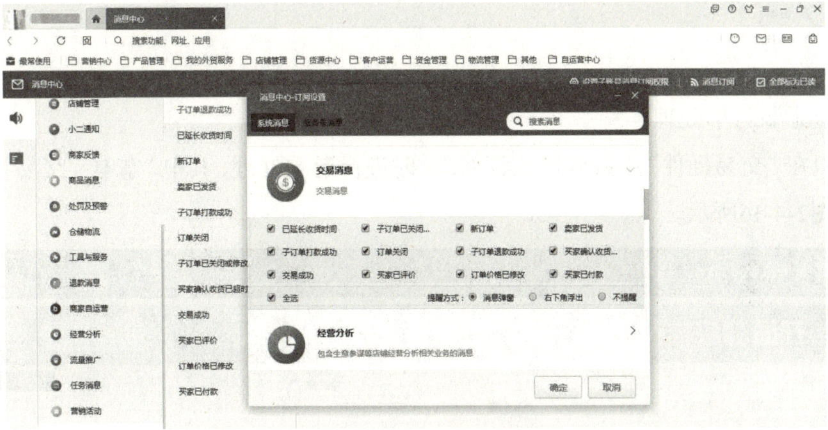

图2-4-13　订阅交易消息

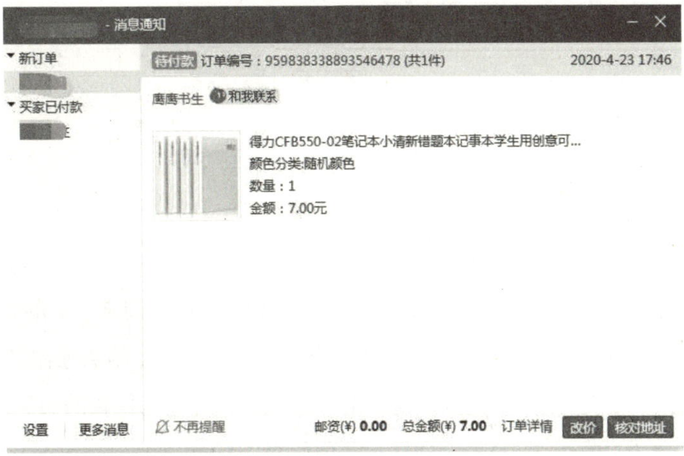

图2-4-14　交易消息弹窗

（1）订阅退款消息

进入千牛"消息中心"，订阅关注退款消息，如图2-4-15所示。可以及时查看退款的订单，提高退款的速度，避免在规定的时间未完成退款，导致系统自动退款。

图2-4-15 订阅退款消息

（2）退款订单处理

可以在"交易插件"中找到退款订单，及时进行退款处理，其中"掌中宝交易"插件的处理如图2-4-16所示。

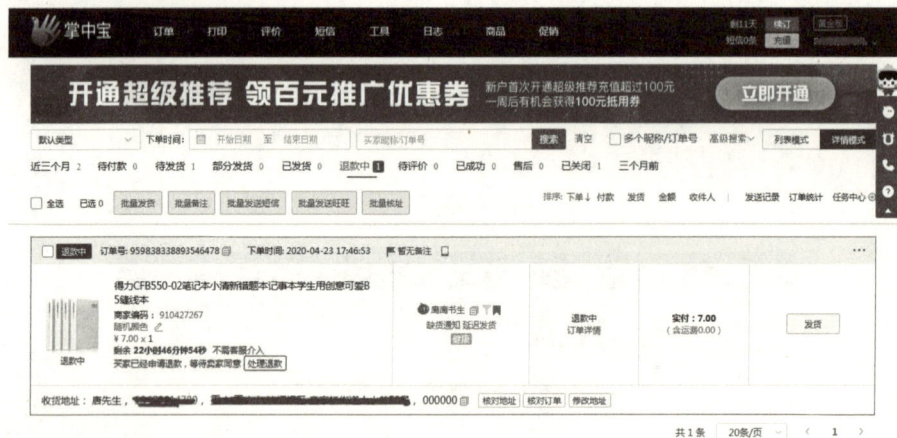

图2-4-16 插件中查看退款订单

（3）最近联系客户跟进

在千牛"接待中心"显示了最近联系客户，可以分别查看咨询未下单的买家，咨询未付款，已付款的买家，如图2-4-17所示。客服还可以根据实际情况，给买家添加五角星备注，添加五角星标注的买家会置顶显示，以便及时处理售后问题。已付款的买家ID号会显示绿色的小勾图标，已发货的买家ID号后会显示蓝色信封图标。

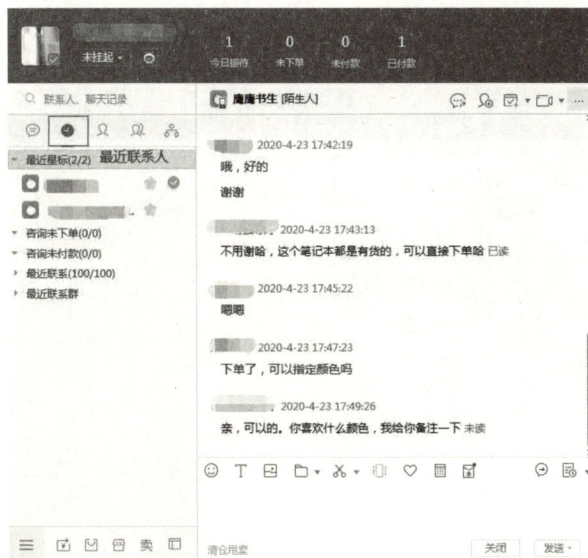

图2-4-17　旺旺"接待中心"最近联系人

（4）创建客户维护任务

在千牛"接待中心"可以为当前客户创建"客户沟通"任务。例如预计买家收到货后，为该买家创建任务，到了设定时间，千牛会提醒客服进行回访，引导客户好评、复购，从而提高店铺的好评率和销售额，如图2-4-18所示。添加任务之后，客服可以在"任务中心"查看，如图2-4-19所示。

图2-4-18　为当前买家添加"客户沟通"任务

（5）订单催付

在千牛的"接待中心"顶部显示了"今日接待""未下单""未付款""已付款"的人数，如图2-4-20所示。作为客服，要及时关注"未付款"订单，立刻找到买家沟通遇到的问题，并协调解决，从而提高店铺的销售额。

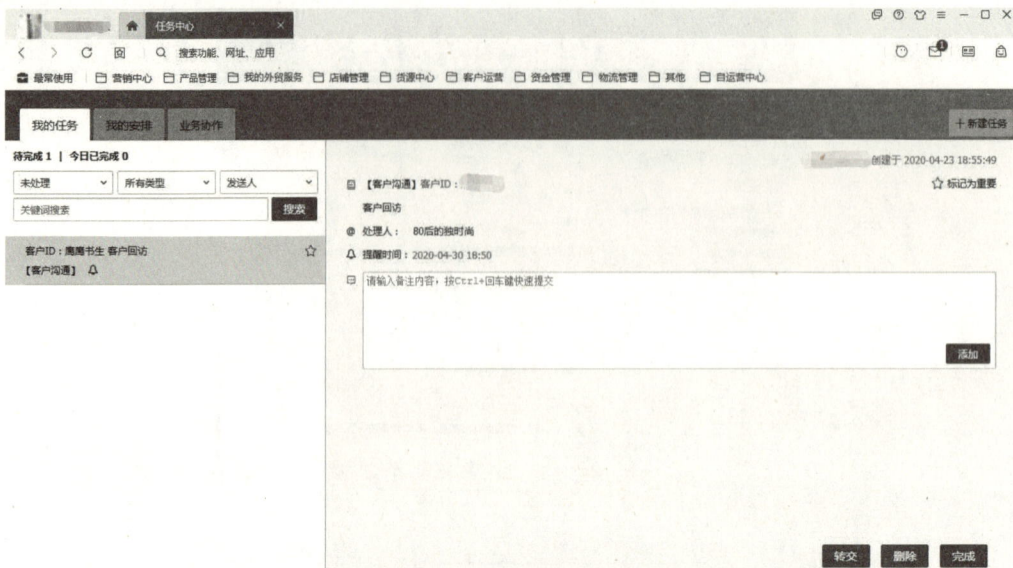

图2-4-19　千牛任务中心

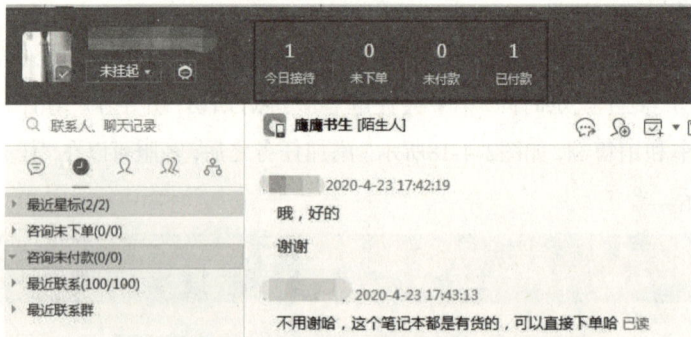

图2-4-20　未付款人数

【做一做】

登录千牛工作台，了解千牛"接待中心"各个按钮的功能，将下面的表格补充完整。

图　　标	功　　能
💬	
👤	
☑	
🎥	

活动3　设置常用接待语

客服在接待的过程中，一般被要求要快速招呼新客户，对无法及时应答的客户要做好解释与安抚。为了提高工作效率，要求客服熟记常用接待语，并将常用接待语设置为快捷回复。同时开启客服机器人，如阿里店小蜜，它可以在人工客服繁忙时，前置于人工，率先接待买家，无缝转接人工，保证100%响应率，降低旺旺响应时长，提升服务效能。它还能在人工客服离线下班后自动上线接待用户，留住买家，促成夜间转化。

1.设置自动回复

　　登录千牛工作台，打开"接待中心"，单击右下角按钮，选择"系统设置"，弹出"系统设置"对话框，可以进行基础设置和接待设置。其中基础设置有登录、界面、任务栏等功能设置；接待设置有会话窗口、提醒、声音、防骚扰、接待、个性签名、自动回复等功能设置，如图2-4-21所示。

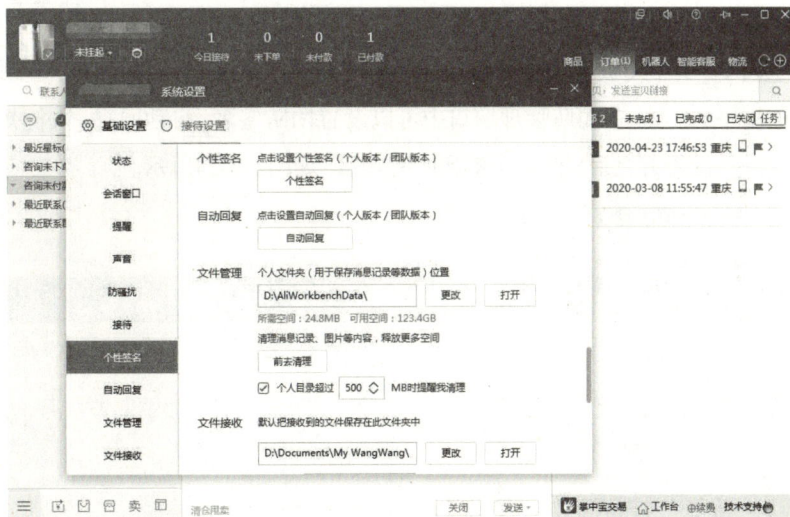

图2-4-21　系统设置

第一步：选择"系统设置"→"接待设置"→"自动回复"，新增常用接待语，如图2-4-22所示。

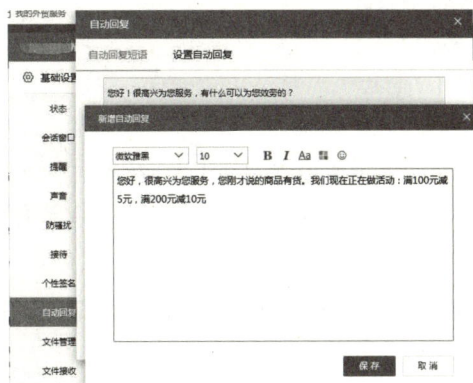

图2-4-22　新增自动回复短语

第二步：在以下场景，"第一次收到买家信息""当我的状态为忙碌""当我的状态为离开""当我的联系人比较多"时，设置自动回复内容，第一时间回应买家，如图2-4-23所示。

图2-4-23　设置自动回复短语（个人版本）

自动回复内容有个人版本和团队版本。在平时的工作中，使用团队版本，可以保证店铺接待语更加统一、专业。在团队管理窗口中可以设置团队签名、自动回复、快捷短语、禁用语、商品推荐等，设置好之后，直接同步到所有客服，如图2-4-24所示。

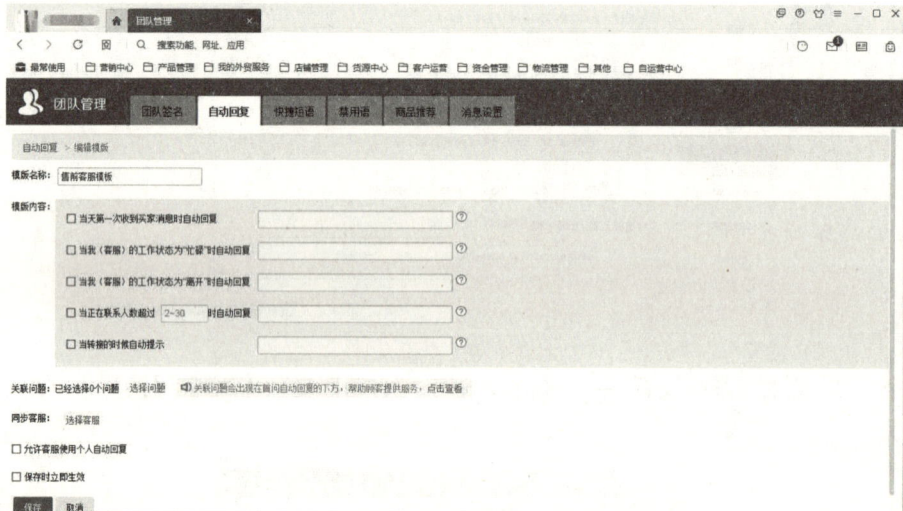

图2-4-24　团队管理"自动回复"

2.设置快捷短语

将售前、售中、售后的常用接待短语添加到千牛"接待中心"，可降低客服响应时间，提高工作效率。客服人员可以在熟悉店铺活动和产品简介后，设置有针对性的快捷短语，做到快、准、有用。

第一步：打开千牛"接待中心"，单击输入框按钮，如图2-4-25所示，弹出常用接待短语设置窗口，如图2-4-26所示。

图2-4-25　输入框工具按钮

第二步：单击"新建"按钮，可以新建快捷短语，并设置快捷编码，选择分组，如图2-4-27所示。

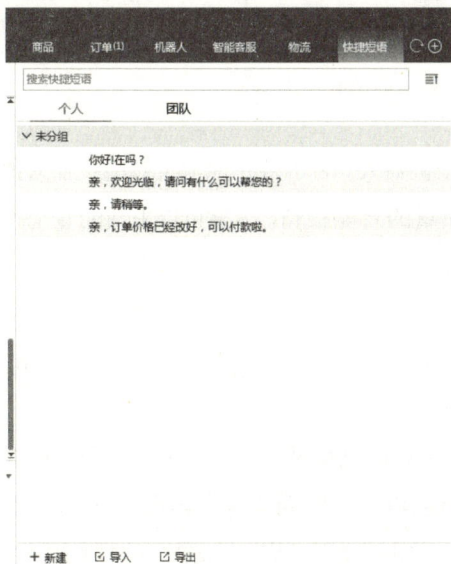

图2-4-26 设置快捷短语

图2-4-27 新增快捷短语

【知识链接】快捷编码是用于快速输入快捷短语的，只能为数字、字母或中文。聊天窗口输入"/"触发快捷短语搜索结果可以用回车键选择。

第三步：快捷短语分为个人版本和团队版本，可选择"团队"，将整理好的快捷短语导入到千牛中，目前支持的文件格式为CSV格式，如图2-4-28所示。

图2-4-28 导入快捷短语

第四步：在聊天的窗口输入"/"，则触发快捷短语，可以直接输入快捷编码或用方向键选择，回车键确定输入，如图2-4-29所示。

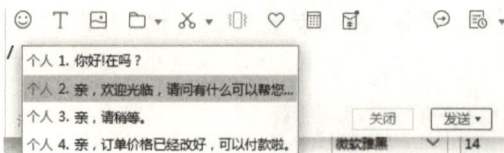

图2-4-29　选择快捷短语回复

3.店小蜜问题配置

店小蜜是阿里巴巴针对电商推出的智能客服机器人。店小蜜在原淘宝智能机器人的基础上进行全面升级，帮助商家实现全天候、高质量的智能接待。店家可以手动配置个性问题，也可以直接选择店小蜜知识库中智能配置的问题。

（1）开启店小蜜

第一步：进入千牛工作台界面，选择"客户服务"→"阿里店小蜜"，如图2-4-30所示，也可以直接在搜索栏输入店小蜜，打开店小蜜的窗口。

第二步：进入店小蜜首页，店小蜜有全自动和智能辅助两种模式。全自动模式设置独立虚拟账号接待，可降低店铺50%人力投入；智能辅助模式，可以辅助客服接待，帮助客服提升效率。根据店铺需要，可选择其中一种模式，单击"立即开启"，如图2-4-31所示。

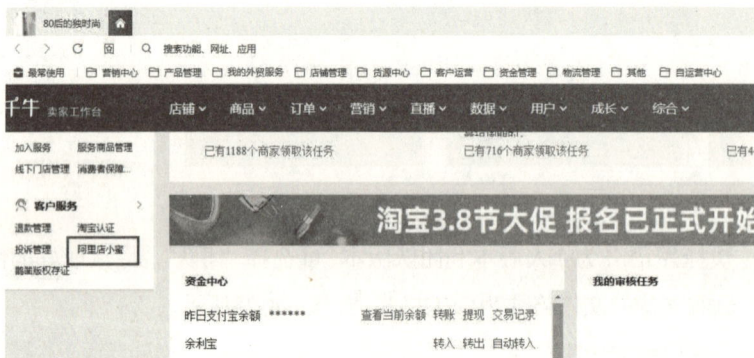

图2-4-30　开启阿里店小蜜入口

图2-4-31　阿里店小蜜首页

（2）专业问答知识配置

第一步：订阅行业包，选择店铺所属行业。店小蜜知识库中已经涵盖了聊天互动、商品问题、活动优惠、购买操作、物流、售后等高频问题，客服可以参照平时常用接待话术配置机器人的答案。如果觉得行业通用的高频问题不能满足店铺需要，还可以导入或新建自定义的问题，并配置答案，如图2-4-32所示。

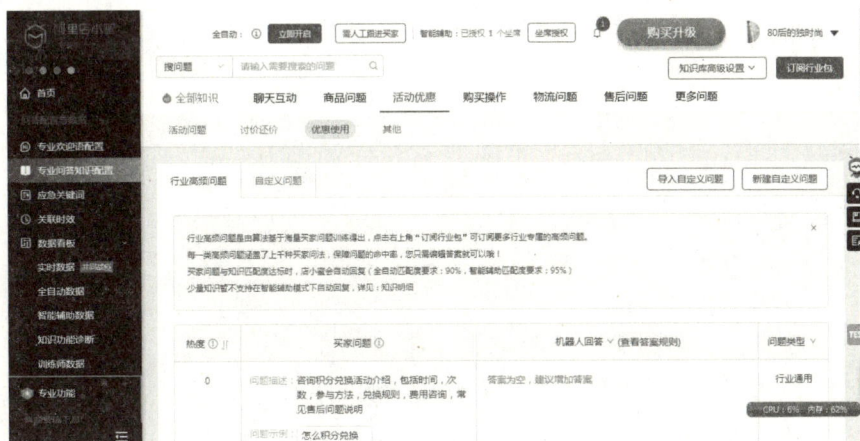

图2-4-32 专业问答知识配置

第二步：选择其中一个高频问题，例如活动优惠中的高频问题"咨询店铺活动及玩法规则"，单击则可以编辑问题的答案，如图2-4-33所示。

图2-4-33 编辑问题答案

第三步：根据店铺实际优惠活动，同时参考客服快捷短语，配置机器人的回复，还可以上传活动海报，关联商品，最后单击"保存"，如图2-4-34所示。

第四步：打开测试窗，输入该问题的关键词，测试机器人的答案是否正确，如图2-4-35所示。如果有误，则去修改。

（3）欢迎语卡片设置

第一步：选择专业欢迎语配置，如图2-4-36所示。可以设置店小蜜的名称、欢迎语、卡片问题等，卡片问题不超过9条，欢迎语可以分时间段设置，例如早上、中午、晚上可设置不同的欢迎语。

图2-4-34　答案编辑框

图2-4-35　机器人回复测试

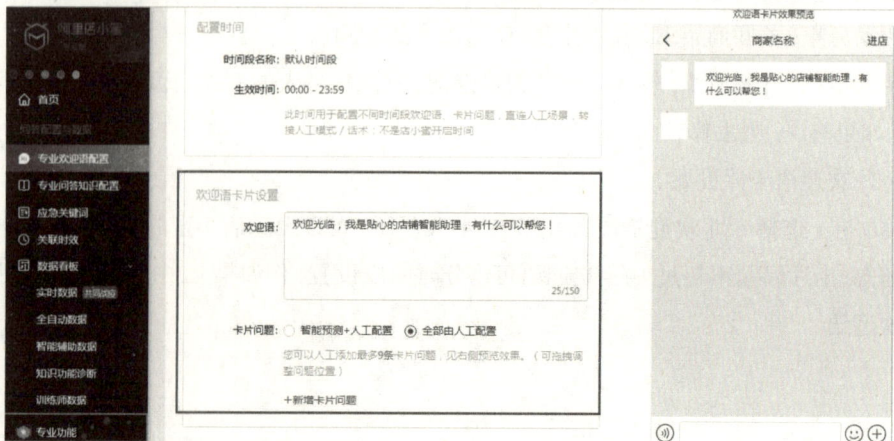

图2-4-36　欢迎语卡片设置

第二步：选择"新增卡片问题"，输入卡片问题，例如优惠活动，然后关联知识库中活动优惠的高频问题和答案，如图2-4-37所示。

第三步：卡片问题关联答案之后，效果如图2-4-38所示。

图2-4-37　新增卡片问题

图2-4-38　欢迎语卡片

【做一做】

给下面高频问题配置机器人答案。

场　景	买家问法	机器人答案
是否正品	正品吗？ 怕是假的？ 盗版的吧？	
是否有货	有没有货？ 有现货吗？ 有黑色的吗？	
领取优惠券	有优惠券吗？ 什么情况下有优惠券？ 优惠券怎么领？	

【任务拓展】

一、单项选择题

1.淘宝客服是通过（　　　）跟客户交流的。

  A.QQ　　　　　　　B.邮件　　　　　　　C.千牛　　　　　　　D.旺信

2.京东客服采用（　　）作为即时通信工具。

  A.邮件　　　　　　B.千牛　　　　　　　C.京东咚咚　　　　　D.微信

3.在千牛接待页面的左侧，买家ID号的绿色小对号（小勾号）代表（　　　）。

  A.订单已付款，等待客服核对收件人地址、号码、产品信息等

  B.订单已提交，未付款，等待催付核实信息

  C.货物已发出，关注物流信息是否异常

  D.订单未提交，客户有购买意向

4.使用千牛快捷短语，正确的操作应该是（　　　）。

  A./+快捷短语编码+方向键选择后按下回车键

  B.直接输入千牛快捷短语编码

  C.在短语栏里面找

  D./+快捷短语编码+方向键选择后按下空格键

5.关于快捷短语，以下说法正确的是（　　　）。

  A.快捷短语都是通用的，不用修改，直接在千牛导入就可以了

  B.快捷短语是方便客服在接待过程中提高响应时间，可以重复性随意使用快捷短语

  C.熟悉产品和店铺后，设置有针对性的快捷短语，做到快、准、有用

  D.不必依赖快捷短语，接待过程全部手打回复

二、多项选择题

1.以下账号类型可以直接登录千牛工作台的是（　　　）。

  A.淘宝网账号　　　B.1688网账号　　　C.微信号　　　　　D.微博账号

2.在千牛"接待中心"，左上角可显示该账号的挂起状态，以下说法正确的是（　　　）。

  A.当发现咨询人数太多，可挂起

  B.下班时，处理好当天的事情后，可挂起，并下线退出账号

  C.离开座位时，可挂起

  D.上班时提前五分钟上线，处理完未处理的事情后，准时解除挂起，并做好接待的工作

3.在千牛工作台，可以利用交易插件，快速处理订单。插件的功能有（　　　）。

  A.核对地址　　　　B.发货　　　　　　C.修改地址　　　　D.添加备注

4.在千牛接待中心的顶部，显示的数据信息包含（　　　）。

  A.今日接待人数　　B.未付款人数　　　C.已付款人数　　　D.未下单人数

5.在千牛团队管理窗口,可以进行的设置有(　　　)。

　A.团队签名　　　　　B.自动回复　　　　　C.快捷短语　　　　　D.禁用语

三、判断题

1.在客户来咨询时,为了快速响应客户,要善于使用快捷短语。　　　　　　　　(　　)

2.常用的快捷短语有个人版和团队版。　　　　　　　　　　　　　　　　　　　(　　)

3.千牛工作台只能在计算机上使用。　　　　　　　　　　　　　　　　　　　　(　　)

4.千牛是淘宝客服人员最常用的辅助工具,通过千牛可以进行咨询接待、订单处理、售后问题跟进等操作。　　　　　　　　　　　　　　　　　　　　　　　　　　　　(　　)

5.客服常用接待语可以直接导入千牛工作台。　　　　　　　　　　　　　　　　(　　)

6.淘宝卖家可以到淘宝服务市场购买插件,帮助其进行交易管理、商品管理、数据分析、促销管理、客服绩效等工作。　　　　　　　　　　　　　　　　　　　　　　　(　　)

7.在客服接待的过程中,售前客服不能直接将买家转接到售后客服。　　　　　　(　　)

8.店小蜜是阿里巴巴针对电商推出的智能客服机器人。店小蜜可以配置专业欢迎语和专业知识问答。　　　　　　　　　　　　　　　　　　　　　　　　　　　　　　(　　)

9.在平时的工作中,每个客服都需要自己设置快捷短语。　　　　　　　　　　　(　　)

10.阿里店小蜜有两种模式,一种是全自动,一种是智能辅助。　　　　　　　　(　　)

四、简答题

客服利用千牛工作台如何快速处理订单?

【项目小结】

通过本项目的学习,我们了解了网店售前客服岗位的工作内容和职责。知道了要成为一名合格的售前客服,我们必须要提前熟悉店铺商品的特性,学习在线与客服沟通的技巧,掌握网店平台即时通信工具的使用方法,本书主要列举了千牛工作台即时通信工具的基本使用方法。客服在回答顾客咨询时,还要及时引导客户下单,提高店铺的成交量。

【项目检测】

一、填空题

1.在网店客服岗位中,_____客服主要负责在线接待客户咨询,向顾客介绍网店的推广活动,帮助消费者进行需求分析等。

2.客服没有及时回复买家的咨询,这种行为会直接影响店铺的_____。

3.网店售前客服需要了解顾客的_____心理,才能提供个性化服务,提高店铺成交率。

4.如果要及时问候进店客户,我们可以设置_____功能。

5.在淘宝平台上,商品按照类别进行_____(二/三)级分类管理。

二、单选题

1.顾客问客服:"还有其他款式吗?"这时,客服应该(　　　　)。

　　A.发送催付信息　　B.礼貌告别　　　　C.推荐关联商品　　D.适时提醒下单

2.销售手机时,售前客服关联推荐(　　　)商品最合适。

　　A.固定电话　　　　B.手机屏幕贴膜　　C.笔记本电脑　　　D.平板电脑

3.在淘宝中,顾客可以在(　　　)查看订单信息。

　　A.购物车　　　　　B.已买到的宝贝　　C.收藏夹　　　　　D.淘宝主页

4.当网店客服在与顾客议价时,不能出现的语言是(　　　　)。

　　A.这个价格是公司规定的,我们客服没有权利议价,请您谅解

　　B.亲亲,这款今天没有活动,你可以看一下另外一款哦

　　C.不好意思,公司一般在节假日才有折扣,希望理解

　　D.这个价格是公司规定的,你爱买不买

5.以下消费者非常在意商品价格,其上网购物主要是寻找价格低商品的是(　　　　)。

　　A.贪图方便型　　　　　　　　　　B.线上线下价格比较型

　　C.价格折扣型　　　　　　　　　　D.网络参与型

三、多选题

1.以下属于售前客服的工作内容是(　　　　)。

　　A.熟悉店铺商品的基本信息　　　　B.设置与顾客交流常用语

　　C.对进店客户进行问候　　　　　　D.介绍店铺的促销活动

2.网店客服需要从(　　　　)方面培养良好的沟通技巧。

　　A.培养良好的态度　　B.了解客户心理　　C.学会赞美他人　　D.学会随机应变

3.以下商品特性会影响客户购买欲望的是(　　　　)。

　　A.产品价格　　　　B.产品大小　　　　C.产品质量　　　　D.产品评价

4.以下属于有形商品的特性有(　　　　)。

　　A.性能　　　　　　B.外观　　　　　　C.材质　　　　　　D.使用感受

5.以下属于售前客服接待流程的内容是(　　　　)。

　　A.欢迎　　　　　　B.询问　　　　　　C.推荐　　　　　　D.道别

6.售前客服向顾客推荐关联商品时,可推荐(　　　　)。

　　A.同类商品　　　　B.配套商品　　　　C.促销商品　　　　D.同价商品

四、判断题

1.当同时咨询的顾客太多客服不能及时回复顾客时,可以设置自动回复功能。(　　　)

2.店铺红包和"双十一跨店满减"都属于店铺促销活动。　　　　　　　　(　　　)

3.即时通信工具阿里旺旺有卖家版和买家版两种类型。　　　　　　　　(　　　)

4.只要有淘宝网店都能免费使用阿里旺旺卖家版的所有功能。　　　　　(　　　)

5.淘宝网店后台可以对客户进行分类管理。　　　　　　　　　　　　　(　　　)

项目三
售中服务技巧

【项目概述】

美美来到售前客服组已经有一段时间，在师傅的指导下，她了解了在线接待客户的工作流程，掌握了即时通信工具千牛工作台的使用方法，学会了如何与客户沟通交流。通过努力，在她的服务下，有好几个顾客都已经成功下单了。

今天，师傅把美美叫到办公室对她说："前段时间你的工作表现非常优秀，已经为公司争取了多个订单。但顾客成功下单后并不表示我们的工作就结束了，相反，更复杂的程序还在后面，如客服需要和买家核对订单信息，然后进行跟单服务等。只有当买家确认收货后我们的服务才算结束。为了让你尽快熟悉客服每个工作岗位，从今天起，公司将调你到售中客服组进行为期一周的学习。希望你做好准备！"接到师傅指派的任务后，美美高兴极了，她知道这表示她离自己的职业规划目标又近了一步。

【项目目标】

知识目标

了解网店售中客服岗位的工作内容及职责；

理解与顾客确认订单的重要性；

认识常见的物流快递公司；

掌握向顾客发送催付订单信息的技巧。

技能目标

学会在千牛中查询订单状态;

学会在千牛中进行下单发货操作;

能根据客户信息填写、打印运单;

能通过网络及电话等手段跟踪物流信息。

情感目标

培养学生认真细致的工作态度;

培养学生团队合作的工作意识。

[任务一] NO.1

了解售中客服工作岗位标准

【情景设计】

客户经过前期的调查比较最终决定在智德商贸有限公司购买一批办公用品。目前该客户已经成功付款,接下来,售中客服组将对该单进行跟单服务。

美美来到售中客服组,刘艳师傅让她先了解售中客服的工作内容、工作职责及职业素养。美美按照售中客服的工作流程,认真学习了起来。

【情景再现】

买家:你好,我今天买的鞋子码数填写错误,想换一个大一码的。

客服美美:好,我先帮您问一下物流那边是否发货。

买家:好的。

客服美美:这边显示已经发货,请您收到货物时拒签,货物退回后我们再给您安排重发。

买家:这样的话我的时间就耽搁得太久了,能否先寄一双过来,前面一双我收到时拒签。

客服美美:实在不好意思,亲,我们这里要有订单才能出货。

买家:那我还不如直接退货,到其他家购买。

客服美美:亲,相信您在我们家购买也是经过深思熟虑的,如果您去别家购买还要再花时间和精力去比较,并且您就算退货钱也不会马上到账,相当于您要先付两双鞋子的钱。现在的物流还是很快的，几天就能到。

买家：好吧，想想也是这样，那你帮我备注好吧，退回来了之后及时给我发过来哟。

客服美美：一定的，感谢您的信任。

【情景分析】

很多时候客户找客服聊天并不是特别确定能否达到目的，只是试探性地问一下，这时候就需要客服工作人员灵活处理。从这个案例中我们看到，客服美美和客户分析整件事情的利弊，让客户了解到如果退货的话会有哪些麻烦，帮客户找到更合适的解决方法，最终让客户同意美美的方案。

【任务实施】

作为一名售中客服工作人员，只要客户付款成功，就应该立刻投入下一个环节的工作中。售中客服的工作内容纷繁复杂，包括查询订单状态、后台发货、联系物流等方面，如图3-1-1所示，要求客服人员有相应的工作职责和职业素养。

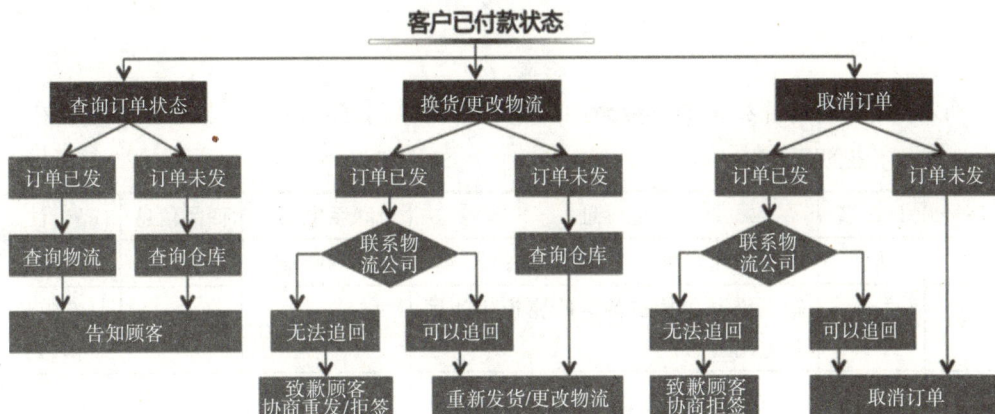

图3-1-1　售中客服工作流程图

下面，让我们跟随美美一起，学习售中客服工作岗位中几个比较重要的环节吧。

活动1　了解售中客服的工作内容

1.确认订单及核实信息

核对订单信息是一件非常细心的工作，不允许有一点差错，客服在核对订单信息的时候需要记下某些特殊的订单信息，以便后续联系相应的物流公司。如果信息核对有误，则会给后续工作带来很多麻烦。

常规订单信息的确认流程很简单，用户购买好商品后，直接在千牛聊天窗口中与买家交流，如图3-1-2所示。若有需要修改的信息，可直接在千牛中进行操作，完成后再次进行确认，无误后即可进行后续的操作。

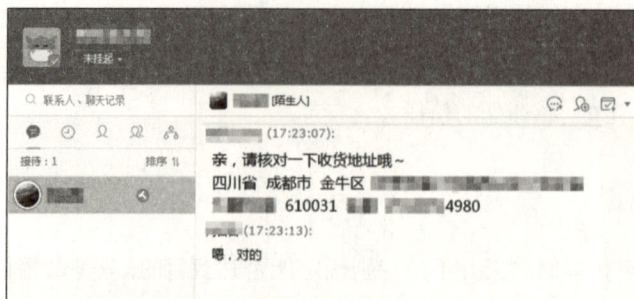

图3-1-2 客服和买家确认订单信息

但遇到一些特殊订单信息就要求客服人员做好备注。客服需要根据每个订单的实际情况，选择物流公司或快递公司。特殊订单包括以下几种情况：

- 某些特殊地址，部分快递公司可能不能直接送达，或能送达但邮费会另外核算，如港澳台、西藏、内蒙古等地区。
- 商品超长、超宽，有可能超出部分快递公司的货物规格限制。
- 客户下单时备注了指定的快递公司。

说一说

以下是智德商贸公司的部分订单信息，请同学们仔细阅读，看看其中是否有特殊订单，并说明原因。

序号	姓 名	地 址	联系电话	商品信息	备 注
1	张鹏	重庆市九龙坡含谷镇鑫源路9号	13400000000	办公用品	
2	李力	新疆维吾尔族自治区哈密市伊州区鑫秀花园	13900000000	书包	只有邮政可以到
3	赵小伊	浙江省杭州市上城区平海路2号	15600000000	1.5米晾衣架	
4	王刚	广东省广州市越秀区中山二路106号	13500000000	手套	寄顺丰
5	陈龙	四川省绵阳市三台县芦溪镇	15500000000	发夹	
6	赵丰田	北京市东城区景山前街4号	15700000000	口罩	

2.后台发货，选择物流、快递公司

（1）了解常见的物流、快递公司

一般情况下，每家电商公司都有几个长期合作的物流、快递公司，根据合作协议，快递公司会定期派快递员上门收取快件。但如果有特殊订单，就需要客服亲自联系相应的快递公司上门收件了。

师傅安排美美为公司的订单选择快递公司，而不同快递公司在网点布局、寄送规定、价格、服务质量、服务内容等都存在不同。因此，在联系物流、快递公司之前，美美必须要熟悉常见的物流、快递公司的收费标准、服务网点、收寄范围等内容，这样才能根据商品的特征、收货人的地址等实际情况选择合适的快递公司。

常见的物流、快递公司有EMS、顺丰速递、圆通、中通、申通、韵达、德邦物流等，如图3-1-3所示，而每家物流、快递公司都有自己的特色。

图3-1-3 常见快递公司图标

各大快递公司
运费大全

【查一查】

请同学们上网查询资料，完成下列表格。

物流、快递公司名称	特 点
EMS	
顺丰速递	
中通	
德邦物流	
DHL	

美美和客户确认订单后，为了确保商品能够及时发出，她按照自己做好的订单笔记，开始在网店后台进行物流、快递选择操作。

（2）完成网店后台物流、快递选择操作

做好特殊订单的登记后，就要在网店后台进行物流、快递选择的相关操作了。智德商贸有限公司是一家开在淘宝上的电子商务公司，在刘艳师傅的指导下，美美进入公司淘宝店铺后台，如图3-1-4所示，开始了物流、快递的选择操作。

第一步：查看已卖出的宝贝。

在淘宝后台，单击"我的淘宝"→"我的卖家"→"已卖出的宝贝"，查看等待发货商品的信息，如图3-1-5所示。

第二步：发货，选择物流、快递公司。

单击已卖出商品"交易状态"下的"发货"按钮，进入该商品物流、快递相关选择操作。我们可以看到，淘宝后台设置有4种物流、快递选择方式，分别是"在线下单""自己联系物流""无纸化发货""无需物流"。售中客服需要根据商品的具体情况进行慎重选择。

图3-1-4　卖家后台

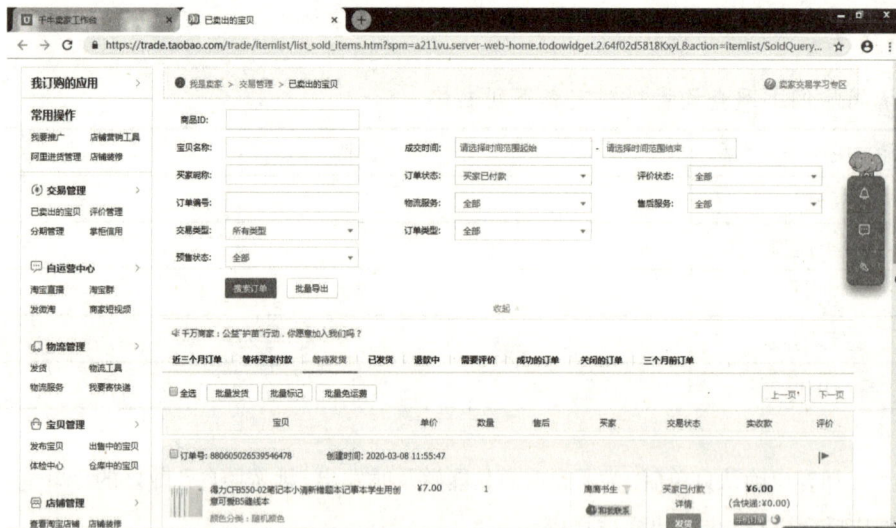

图3-1-5　发货

• 在线下单

"在线下单"选项卡列出了淘宝网站推荐的物流、快递公司，其中显示了每个物流、快递公司的货品最高限价、首重、续重、丢失（损坏）赔付等相关细则。客服确定好物流、快递公司后，单击"选择"并填上相应的预约取件时间即可，如图3-1-6所示。

• 自己联系物流

如果不需要淘宝网站推荐的物流、快递公司，可以选择"自己联系物流"，填写好该物流的快递详情信息，按照提示进行操作即可，如图3-1-7所示。

• 无纸化发货

随着快递行业标准化和智能化的日益发展，传统的纸质面单由于其物料成本高、人工分拣操作成本高、出错率高以及不环保等劣势正在逐步被电子面单所淘汰，如图3-1-8所示。

图3-1-6　在线下单

图3-1-7　自己联系物流

图3-1-8　无纸化发货

电子面单及其特点

• 无需物流

"无需物流"的情况仅限于销售虚拟商品，如图3-1-9所示。

图3-1-9　无需物流

3.跟踪物流并短信告知客户

联系好物流公司并打包好商品后，待快递人员取货成功，即表示产品已进入物流运输阶段，此时美美在淘宝后台"发货"中输入订单编号，告知买家商品已经正常发货。

完成了商品的发货后，也不能忽略对订单的跟踪。物流信息有3个重要环节，分别是订单发货信息、订单配送信息和订单签收信息，如图3-1-10所示，客服需要将这3个环节的信息及时告知客户。

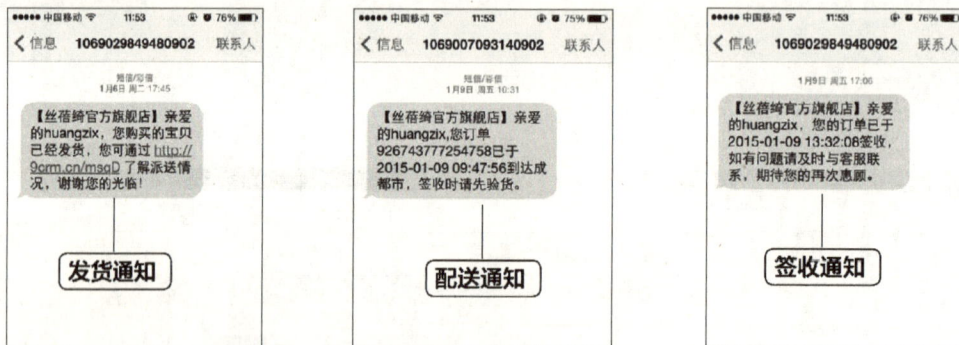

图3-1-10　发送物流信息

活动2　了解售中客服岗位的工作职责

美美了解了售中客服的工作内容后，师傅告诉她，公司对每一个岗位都规定了相应的工作职责。售中客服工作职责见表3-3-1。

表3-3-1　售中客服工作职责

工作岗位	工作内容	工作职责
售中客服	引导客户付款	对于未付款的订单，客服要与客户进行沟通，了解未付款的原因。当因邮费或其他原因需要修改时，客服修改后要做好备注
	核对信息，确认订单	客户下单后，客服要与客户核对订单信息。确认客户填写的信息是否正确，特别是收货地址、联系人姓名、联系方式等，并提醒卖家收到货后好评，然后礼貌告别
	平台下单发货	及时查看后台已下单未发货订单，客服在平台后台操作发货，填写快递单号、打印快递单
	物流状态跟进	客户收货前可能会因为物流情况进行咨询，客服需要进快递官网查询快递确切信息，或电话给快递公司询问具体情况，然后告知客户

活动3　了解售中客服岗位的职业素养

每个工作岗位都有自己特有的职业素养，具有良好职业素养的员工有助于提升企业的形象，也有助于增强企业的竞争力。售中客服应该从工作意识、能力、态度、职业道德、形象等多方面去提升职业素养。售中客服的职业素养见表3-1-2。

表3-1-2　售中客服职业素养

工作岗位	职业素养
售中客服	在核对订单信息时，要细心，不容失误
	要有积极进取、永不言败的良好心态
	要有情绪的自我掌控及调节能力
	做事要有条理，遇突发情况能沉着、冷静应对
	要有记笔记的好习惯

【典型案例】

买家	我想买你们店里面××品牌的笔记本小键盘，原装正品，请问有货吗?
客服美美	亲，请稍等一下，我帮您看看。
买家	好的。
客服美美	有的，有多种颜色，请问您需要什么颜色呢?
买家	我需要白色的。
客服美美	不好意思，白色暂时无货，不过我们店其他颜色的键盘也卖得很好，您可以考虑一下其他颜色。
买家	我只想要白色的。
客服美美	那实在很抱歉，不过您可以购买一种和笔记本能搭配的键盘颜色，您的笔记本是什么颜色呢，我愿意帮您推荐。

一个合格售中
客服具备的职
业素养

续表

买家	就是白色的。
客服美美	那购买其他浅色系的键盘也是可以的，如浅灰色，我们的浅灰色键盘的颜色也很浅，和您的白色电脑搭配是没有问题的。
买家	好吧，那就买个浅灰色的吧。

活动4 售中客服常用语

售中客服常用语见表3-1-3。

表3-1-3 售中客服常用语

情　景	常用语	处理办法
处理客户查件	亲！实在抱歉，给您添麻烦了，请您不要着急，我会马上帮您查询包裹，稍后告诉您查询的结果。	表达歉意，向客户询问订单号，查询后及时告知客户订单状态
接待客户吐槽	亲！后续有什么问题请联系我们客服给您处理哦！祝亲生活愉快！满意的话，给我们五颗星奖励哦。	表达歉意并表示产品售后有保障，让客户安心
处理客户催件	亲爱的，您的件正在去您那边的路上哦，由于快递件多，到了派件程序就会及时派件，请千万不要担心，我们也会帮您催的。也请您在此期间保持手机畅通，有任何问题随时和我们在线客服联系哦。	告知客户公司发货是按照付款的先后顺序进行的，让客户保持手机通畅，耐心等待
修改收货地址	好的呢，亲爱的麻烦您把要改的地址发过来哦，我这边联系仓库给您更改哦。	查询快递状态，选择适当方法及时修改地址
处理客户未签收问题	亲爱的，实在抱歉，给您添麻烦了，请您不要着急，有任何异常情况和问题，我们都会给您处理好的。那麻烦您去门卫或者收发室等经常放件的地方看看好吗，或者问问家人、朋友有没有帮您代签的呢。	表达歉意，让客户确认是否因为自身原因造成快递未按时签收
处理发货延迟	亲爱的，麻烦您那边晚点的时候跟踪看下物流消息哦，由于订单量大，我们是按照购买顺序安排下去的，您的订单已经安排了，很快就会发货的。有任何问题您随时和我们沟通哦。	告知客户由于公司订单量大，按照付款顺序安排发货，订单已经安排，正在发车
处理未收退款	好的呢，麻烦亲到时帮忙拒收下件哦。显示退回后，小的让售后帮亲安排处理退款呢，实在非常抱歉啦，耽误亲时间了。	提醒客户收到快递时拒收，并表达歉意
处理发错快递	实在非常抱歉啦，给亲添麻烦了，您看快递可以给您送到吗？如果送不到我们这边联系快递退回，给亲重新补发其他快递呢。可以收到的话，到时辛苦亲取下件呢，实在辛苦亲了。	表达歉意，及时联系快递公司退回，重新补发

【任务拓展】

一、填空题

1.当该客户咨询客服为什么还没发货时，客服首先应该_____。

2.当客户下单后又需要更改物流，客服查询到该货品已经发货且无法追回，这时客服应该先向_____，然后和客户协商重新发货等事宜。

3.淘宝网店中，客服确认及修改订单信息可以在_____中完成。

4.如果需要查看已卖出的产品，可以在淘宝后台"我的卖家"→_____里面查看。

5.无需物流的情况仅限于销售_____。

6.传统纸质面单正在被_____逐步替代。

二、选择题（其中1、2题为单选，3、4题为多选）

1.订单已发出，客户要求取消订单，客服人员的做法不正确的是（　　　）。

　A.致歉客户　　　　　　　　　　B.协商拒签

　C.联系物流公司　　　　　　　　D.货品无法追回，不予取消

2.订单跟踪过程中，（　　　）环节不需要给客户发送物流消息。

　A.退货　　　　　B.发货　　　　　C.签收　　　　　D.配送

3.淘宝后台设置的物流方式有（　　　）。

　A.无纸化发货　　　B.无需物流　　　C.自己联系物流　　　D.在线下单

4.在线下单里面，快递、物流公司对货品的计费要求有（　　　）。

　A.丢失（损坏）赔付　　　　　　B.首重

　C.续重　　　　　　　　　　　　D.最高限价

三、简述题

1.简述特殊订单有哪几种情况。

2.简述售中客服岗位的职业素养。

[任务二] NO.1

跟单服务

【情景设计】

　美美经过一段时间的历练，终于售出了第一单商品，心里美滋滋的。她很高兴地告诉了刘艳师傅。刘艳师傅告诉美美，客服的工作并没有结束。顾客下单后，客服人员还应该进行

跟单服务,包括编写催付信息、与客户确定订单、替客户查件、下单发货等。

【情境再现】

有一位与美美聊得火热的顾客,刚刚已经下单了,可是过了10分钟还没有出现付款信息,这可把美美急坏了。

买家:你家这款包包挺潮的啊!

客服美美:是的,亲,我家这款包包就是专为潮人设计的。包包采用优质进口牛皮,十字纹设计,纹理清晰自然,配上金属质感时尚挂件,潮流感十足。包包底部铆钉精致,不但可以减少底部摩擦,而且更显潮流气质。

买家:确实如你所说,估计年轻人都喜欢。

客服美美:亲,不是估计哦,是肯定! 这款包包同龄人都喜欢,都说它很潮,能彰显自己的个性,更显高端大气。过万的销量就是同龄人喜欢的见证哦。亲,喜欢的话就赶紧下单吧,现在下单还包邮哦!

买家:既然大家都喜欢,我也拍一单。

可是10分钟过去了,这位顾客还没有付款,这可把美美急坏了。

【情景分析】

刘艳师傅告诉美美,对于这种未付款的订单,作为客服人员应该及时与顾客进行沟通,了解顾客为什么没有付款,同时向顾客发出催付信息,有时可能还要协助顾客完成网上支付等后台操作。

【任务实施】

当顾客下单后,售前客服的工作就完成了,但客服的工作并没有结束。紧接着,就该售中客服发挥作用了——进行跟单服务。

要成为一名优秀的售中客服人员,必须熟练掌握催付订单、确认订单、查询订单、下单发货等跟单服务技巧,才能更好地服务顾客,提高销售过程的效率,缩短整体的销售周期,有利于货款的回流,提高资金的流动性,提高客户回购率。

活动1 催付订单

当遇到顾客下单后长时间不付款的情况,客服人员应当首先询问买家不付款的原因。

1.分析原因

(1)客观原因

● 新手买家,操作不熟悉

在接单的过程中,不免会遇到一些新手买家,他们在第一次支付的时候,可能会遇到各种各样的问题,如优惠券领取了但是没有用上、地址写错了等,有些买家会寻求客服帮助，如不能及时得到帮助，很多买家就不买了。当遇到这种情况时，客服需及时与买家沟通交流，可以截图引导买家，协助买家解决问题。

- 买家忘记支付密码

有的买家在选好购买的商品后，支付时可能会突然忘记支付密码，这时客服需要耐心帮买家解决困难。客服应该提前做好电脑端和手机端找回支付密码的方法截图，及时帮助买家成功找回支付密码，接着进行订单跟踪催付。

- 顾客支付宝余额不足

有的顾客有购买欲望，但是支付的时候却发现余额不足无法完成付款，这时可以指引顾客使用花呗（淘宝）付款，或找朋友代付。若顾客均不想使用，则需耐心等待买家充值完后再支付。在这个过程中注意跟进顾客，并使用一些催付的小技巧。

（2）主观原因

- 议价不成功

顾客议价的时候，通常会说"便宜点儿吧""我看别人家的更便宜呢"等话，这时应利用顾客占便宜和预期价位的心理，去突破顾客固有的想法。

- 有所担心

如果顾客在品质、保障、物流等方面存在疑问，就会有所担心，我们要做的就是帮顾客解决这些问题，消除买家疑虑。

- 货比三家

挖掘产品的卖点，从产品本身和服务上查找差异化，把这些卖点和差异化展示给顾客，这样可以为本店产品加分，从而吸引买家付款。

（3）其他原因

有时会出现如产品拍错了、地址错了、忘记付款等情况导致买家不付款。这时客服需要耐心跟进，见招拆招。

2.编写催付信息

了解了顾客未付款的原因后，客服人员便可以给顾客发送催付信息。那么，该怎样编写催付信息呢？催付信息如果编写得太僵硬，势必会引起顾客的反感，可能会丢单，因此一定要注意催付信息的语气。编写催付信息，可以使用以下技巧，如图3-2-1所示。

图3-2-1　催付技巧

技巧1：制造紧迫感发货时间。

（1）发货时间

"您好，亲。您在我家拍下的某商品，如果在下午5点前付款，当天就可以发货哦，我看您收货地址就在本省，这样明天就可以收到货了呢。"

（2）库存告急

"恭喜亲抢到了我们家的宝贝，但是您选的这款现在库存不多了，亲要是不付款的话，宝贝很有可能就会被别人抢走哦。"

（3）活动截止时间

"亲，您拍下的商品正是我们年终感恩回馈活动商品，活动将在明天结束，届时新品都将恢复原价哦。"

技巧2：享受特权。

（1）首次购物优惠或者送赠品

"亲，您是第一次在我们店铺购物，我们给每位新朋友都准备了一份精美的礼物哦。"

（2）第几位顾客享受优惠

"亲，您是我们本月第200位买家，我们逢百就会返利，机会不容错过哦。"

（3）老客户专享赠品

"亲，感谢您再次光顾我们的店铺，掌柜给您准备了一份礼品，这是我们的一点点心意哦。"

【做一做】

请你用委婉、温和的话语编写两条催付信息。

3.选择合适的时间发送催付信息

当催付信息编写好后，客服需要选择合适的催付时机。一般来说，催付时间是越早越好，但也并不一定是客户下单后就催付，要根据具体情况而定。

【想一想】

催付信息多久以后发送会比较好呢？

4.选择多途径催单

催单的工具，除了"千牛工作平台"外，还可以使用短信和电话催付，见表3-2-1。

表3-2-1　催单的工具及其优缺点

催付工具	优　点	缺　点	适用对象
千牛工作平台	免费，成本低，字数不受限制，买家随时可付款	买家不在线时，所发送的信息不能保证买家能及时收到	买家在线
短信催付	买家能及时收到	字数有限制，需要在少量文字中包含买家名字、店铺名称、产品名称、时间这4个信息	买家不在线，留有手机号码
电话催付	电话沟通直接有效，信息传达准确，客户感觉受到重视，时间成本高	买家不一定愿意接听电话	买家只留了座机号码，或不使用千牛的大单客户

【做一做】

　　两名同学为一组，一人扮演顾客，一人扮演客服。模拟顾客下单后，觉得价格有点贵，于是客服采用电话催付的情景。

　　美美观察到刚刚下单的顾客还在线，于是利用"千牛工作平台"，在"订单"→"未完成"中，找到"催付"选项，选择了催付模板中的一条催付信息，发送给了顾客，如图3-2-2所示。

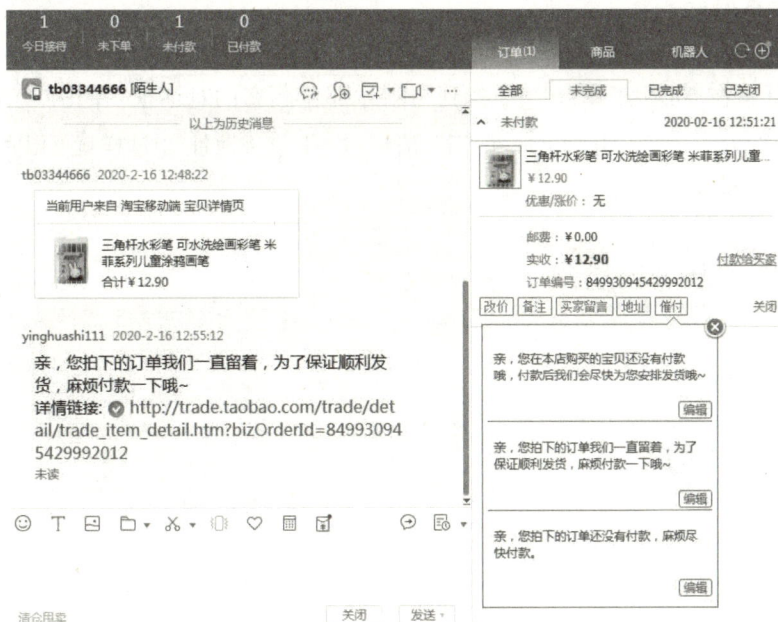

图3-2-2　催付模板信息

　　原来顾客还在店铺中挑选了另外一款商品，准备一会儿一起付款呢，美美悬着的心终于落地了，如图3-2-3所示。

怎么进行无纸化发货

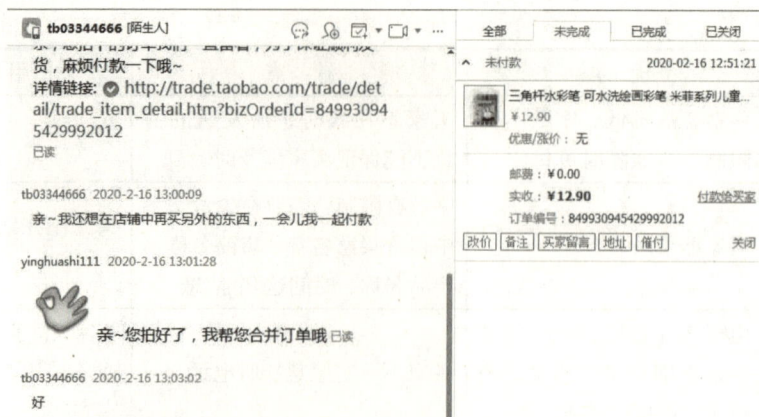

图3-2-3　顾客与美美的对话

活动2　确认订单

师傅刘艳告诉美美,顾客下单后,一定要与顾客确认订单,并礼貌告别。无论客户是否看到,都必须与客户确认收货地址、收货人信息等。因为有些顾客设定了多个收货信息,在下单的时候没有留意,选择了默认收货信息,可是这个收货信息却不是他真正想用的。这样,商品发出去之后,容易产生售后纠纷。为了防止这样的事故发生,维护公司的利益,客服人员必须要与顾客确认订单信息。最后,为了给顾客留下美好的印象,客服人员还需要与客户进行礼貌告别。

1.核对订单

美美赶紧在"千牛工作台"中,找到与刚才那位顾客的对话框,单击"订单"→"地址"→"发送地址"选项,并加上一句"亲,请核对一下收货地址",这样就可以完成确认订单的工作了,如图3-2-4所示。

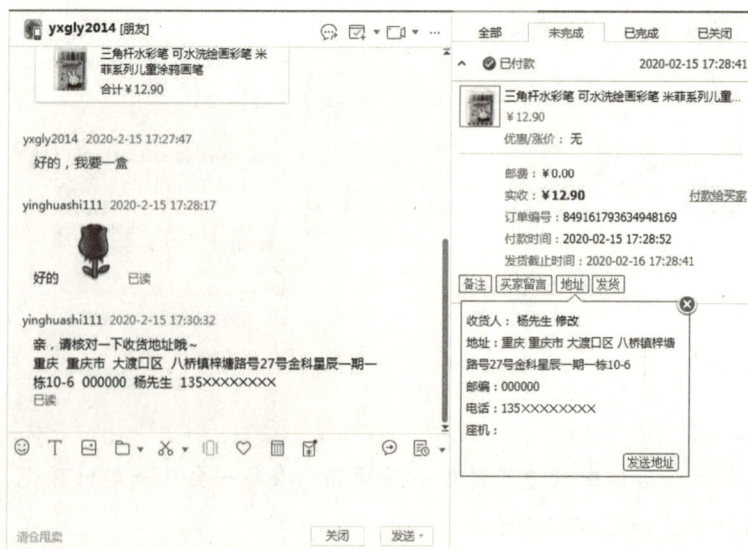

图3-2-4　核对订单对话

如果客户提出地址信息有误，客户人员该怎么做呢？

首先美美应与顾客沟通，请顾客发送正确的收货信息，然后找到淘宝首页→"千牛买家中心"→"已售出的宝贝"，如图3-2-5所示。

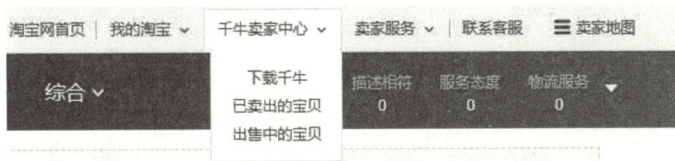

图3-2-5　已售出宝贝

找到当前订单，如图3-2-6所示。

图3-2-6　当前订单

单击"详情"，进入"交易详情"界面，如图3-2-7所示。

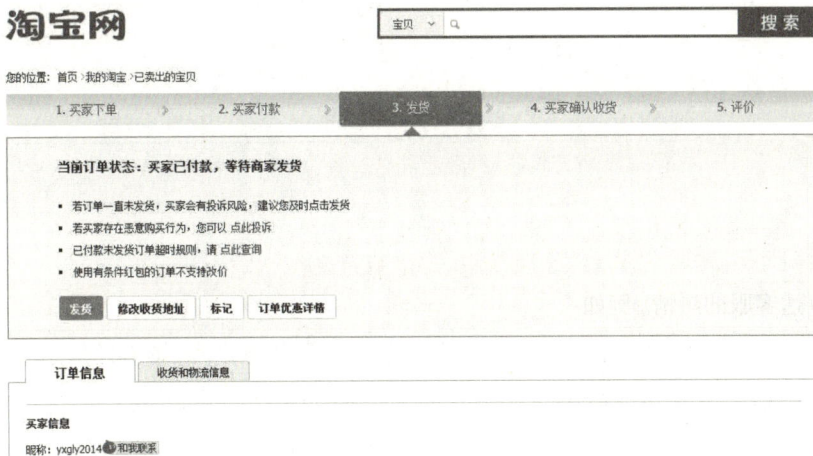

图3-2-7　交易详情界面

单击"修改收货地址"，将顾客正确的收货信息填入，如图3-2-8所示。

最后，需要再次与顾客确认订单。在"千牛工作平台"刚才的"订单"位置，再次找到"地址"，单击"发送地址"，增加一句"亲，请再次核对订单信息"，这样就完成再次确认订单了，如图3-2-9所示。

2.礼貌告别

核对完订单之后，需要对买家礼貌告别。中国人讲究礼仪，离开时和对方说一声，这是礼貌告别的一种方式。网店客服不同于实体接待，是通过毫无生机的计算机与客户进行交流，客户看不到客服的表情，因此不能简单地说"再见"，而是要用丰富的表情以及礼貌的

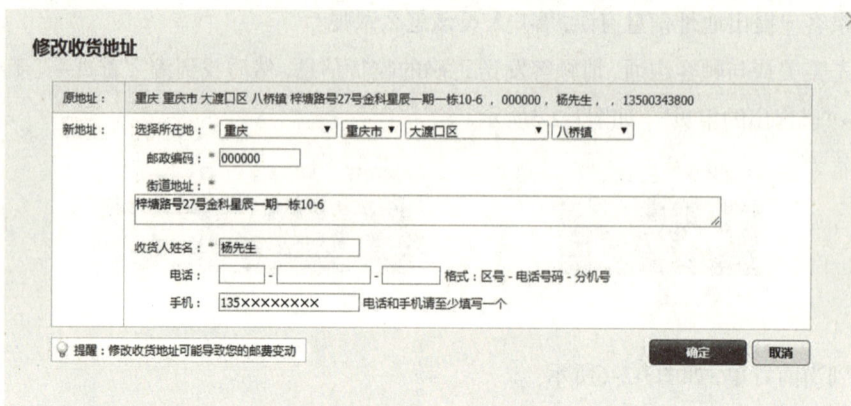

图3-2-8　修改收货地址界面

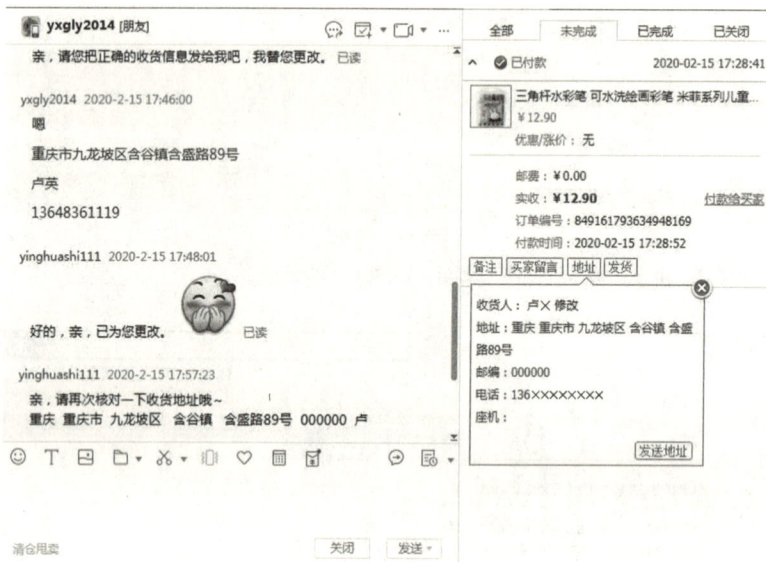

图3-2-9　再次核对订单

用语来表达客服的热情。例如：

- 非常高兴可以接待您，您的慷慨就像加勒比海一样宽广，后续有任何问题您都可以联系我们，祝您生活愉快。

- 感谢您的惠顾，我们会及时地把货发出，在发货前我们会严格检查，并仔细包装。请您在签收时务必检查产品外包装，当着快递的面拆开包裹仔细检查，如发现数量不对或质量有问题，请不要签收，将包裹退回来，并及时和我们联系，我们会第一时间给亲处理的。感谢您对我们工作的支持和理解，任何问题我们都会帮您解决的，欢迎您的下次光临。

- 非常感谢您的支持，我们有做得不好的地方，您都可以提出，我们会多加改进的。感谢您对××的支持，祝您生活愉快。

再次核对完信息后，美美编写了以下礼貌告别用语发送给顾客，如图3-2-10所示。

yinghuashi111 2020-2-15 20:34:07

亲~您的订单我们将会尽快发货，收货时请检查一下货物有无损坏，请确保无损后再签收哦。欢迎您的下次光临，祝您

生活愉快。

已读

3-2-10 礼貌告别用语

【做一做】

请编写两条礼貌告别用语。

活动3 发货查件

1.发货

客户下好订单后，就需要安排发货。通常客服会借助第三方工具来完成发货。订单量越大发货需求就会越大，如ERP软件或者E电宝等，这些软件不单单可以管理发货，还可以有效管理库存，与之合作可以大大提高发货速度。

如果要个别发货的话，可以在淘宝后台进行操作。美美对昨天顾客的订单进行单独发货处理，进入卖家后台后，选择"物流管理"→"发货"→"等待发货订单"，如图3-2-11所示。

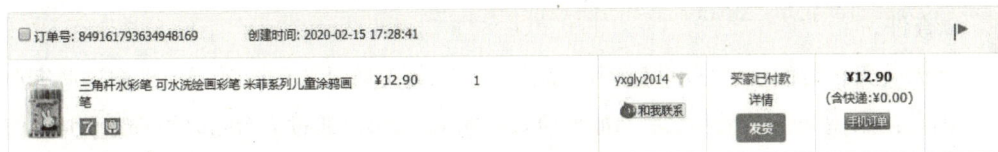

订单号: 849161793634948169	创建时间: 2020-02-15 17:28:41				
三角杆水彩笔 可水洗绘画彩笔 米菲系列儿童涂鸦画笔	¥12.90	1	yxgly2014 和我联系	买家已付款 详情 发货	¥12.90 (含快递:¥0.00) 手动订单

图3-2-11 等待发货订单

单击"发货"按钮，跳转到"发货提示界面"，如图3-2-12所示。

在发货提示界面中，发货提示主要有三步。

第一步：确认收货信息及交易详情。客服如果事先核对过订单信息，此处再检查一下即可。

第二步：确认发货/退货信息。该步骤的发货/退货信息一般都是事先填写好的公司地址，客服在操作中一般不需要修改。

第三步：选择物流服务。可在线下单，也可自己联系物流公司，如果是无形商品，就选择无需物流；如果选择"自己联系物流"，则将发货的快递单号准确无误地填写进"运单号码"处，然后单击"确认"按钮即可。

美美选择的是"自己联系物流"，并将此订单的快递单号准确地填入了"运单号码"中，发货完成。

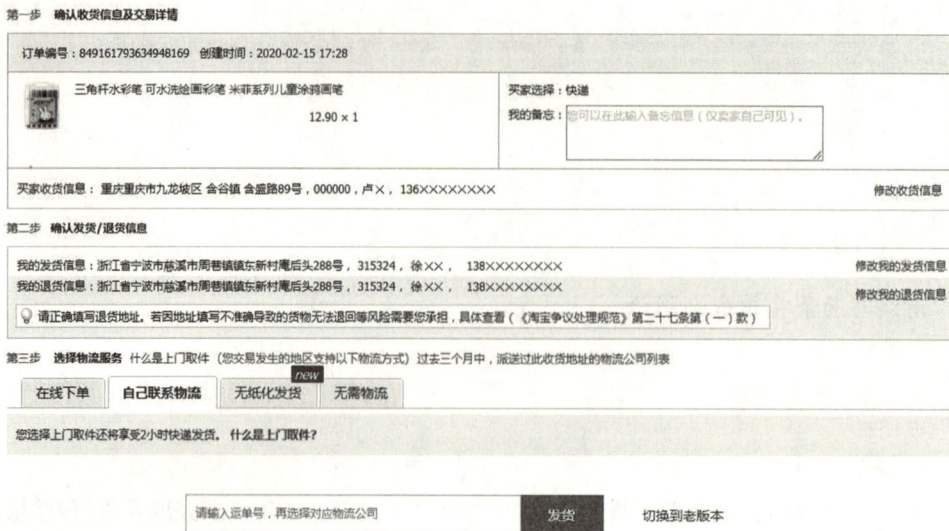

图3-2-12　发货提示界面

【做一做】

同学们在淘宝后台中，试一试"在线下单"的物流服务，并说出操作过程。

2.查件

昨天美美接待的几个订单均显示"已发货"了，美美通过"千牛工作平台"向这些客户发去消息：亲，您购买的商品已快马加鞭地奔向您了，亲可以通过后台随时跟踪物流哦。信息刚发出去不久，就有顾客A回复到："发的什么快递？几天可以到货呢？"

这种属于顾客催发货的情况，需要及时安抚顾客。

美美随即回复该顾客如图3-2-13所示内容，顾客欣然接受。

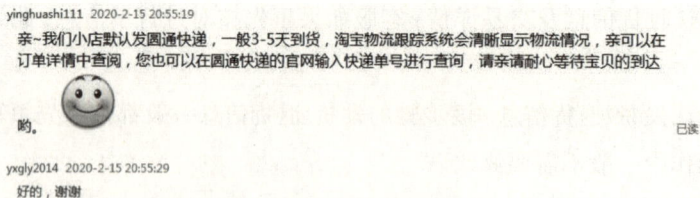

图3-2-13　安抚顾客

过了两天，又有一位顾客B给美美发来信息："我购买的东西不是两天前就发货了吗？我怎么今天还查不到物流信息呢？到底发货了没有？"美美马上进行了处理。

遇到这种特殊情况，客服首先要安抚顾客，然后需要进快递公司的官方网站（如圆通快递）如图3-2-14所示，进行查询，或电话快递公司询问具体情况，然后告知客户。

美美立即回复顾客B："亲~请稍等，我马上为您查询，给您带来困扰，我们深感抱歉。"

图3-2-14 圆通快递官网

然后美美拨打了圆通快递公司的电话询问具体情况，原来是快递已经发出去了，圆通公司的工作人员将这一单的快递地址信息录掉了，他们答应马上补录信息。

美美查询到这一情况后，立即告知顾客B情况，以及商品现到达的地点，顾客很满意。

【想一想】

如果刚才的案例中，是重庆智德电子商务有限公司忘了给顾客B发货，而订单却显示为"已发货"，那客服人员又该如何处理呢？

【典型案例】

由于卖家自己的疏忽而忘记发货的情形，处理方法如下。

客服美美	先生，对不起，都是我们的错！发货不及时，耽误了您的时间！（哀求的语气）
买家	的确是你们的错！发货不及时，说明你们态度不好！
客服美美	您说的是！是我们客服的失误，不是我们不想给您发货，只是当时我们店内已经没有库存，两天后当我们拿到货时，快递那边扫描单号信息不及时，这才导致发货这么晚。希望您能理解！（诚恳的语气）
买家	这倒是有情可原，我也不是不通情达理的人，投诉的问题好解决。

对于一些生意好的网店来说，每天都有很多订单。特别是到了节假日期间，订单更多，难免出现忘发货的现象。一些买家可能会因为到货不及时而投诉卖家。在与这类买家沟通时，客服人员要把忘记发货的原因向买家解释清楚，并请求其谅解。客服美美就是把忘发货的原因如实表达出来，并请求买家的谅解，从而取得了良好的效果。所以，客服人员要善于把忘发货的原因表达出来，让买家接受。

【任务拓展】

一、填空题

1.跟单服务的内容包括：_____、_____、_____。

2.订单状态为宝贝已买下，等待付款。如果买家在拍下后_____小时内逾期未付款，交易将自动关闭。

3.当顾客拍下宝贝到确认收货之前的服务过程称为_____服务。

二、选择题

1.订单成功付款以后在（ ）的情况下不可以修改订单信息。

    A.未提交　　　　　　　　　　　　B.订单显示冻结订单

    C.订单正在配货状态　　　　　　　　D.已发货

2.客户在订购时发现颜色拍错了，客户在跟客服交流的时候应该（ ）。

    A.让其申请退款重拍

    B.让客服修改订单属性或者在订单备注好提交仓库

    C.让淘宝小二介入处理

    D.投诉维权要求退款

3.顾客在店铺里拍下商品并且付款了，在卖家发货前又想申请退款。请问买家可以开始申请退款的时间是（ ）。

    A.买家付款后三天内卖家还没有点击发货，买家可以申请退款

    B.买家在付款以后就可以申请退款

    C.买家不能申请退款，只有卖家点击发货之后才能申请退款

    D.买家拍下后就可以申请退款

4.售中客户服务是在销售业务的（ ）阶段。

    A.认识产品的时候　　　　　　　　B.产品购买完成的时候

    C.正在购买的时候　　　　　　　　D.评价产品的时候

5.以下哪项是网店售中客服的工作内容？（ ）

    A.更改物流　　　　B.中差评处理　　　　C.退换货　　　　D.介绍商品特性

三、简述题

1.顾客拍下付款了，过了两天，顾客发现他的收货地址写错了。请问遇到这样的问题，作为售中客服该怎么处理？

2.顾客要求发票用顺丰快递寄出，客服该怎么办？可以让买家补拍邮费么？

3.顾客拍下的商品已经发货了，但是在运输途中，顾客又申请了退货、退款，该怎么处理？

【项目小结】

通过本项目的学习，我们了解了网店售中客服岗位的工作内容和职责，了解了常见的物流快递公司，理解了核对订单信息的重要性，学会了如何在平台中进行发货和查询订单状态。本书主要列举了淘宝后台的发货和物流选择的流程，根据网店平台的不同，相关操作可能存在差异，但跟单服务的操作流程基本是一致的。

【项目检测】

一、单选题

1.绝大多数电商平台采用的是（　　　）物流方式。

　　A.自营物流　　　　B.绿色物流　　　　C.回收物流　　　　D.第三方物流

2.在发货选择物流时，下列商品可以选择"无需物流"的是（　　　）。

　　A.门票　　　　　　B.手机卡　　　　　C.电子书　　　　　D.优盘

3.下列不是售中客服所应具备的职业素养的是（　　　）。

　　A.做事认真仔细　　　　　　　　　B.做事要有条理

　　C.深厚的电商专业知识　　　　　　D.遇突发情况能沉着应对

4.订单确认的信息一般是（　　　）。

　　A.收货地址　　　　B.顾客ID　　　　　C.顾客性别　　　　D.商品价格

5.当买家付款成功后第二天又要求更改商品型号，这时客服应该首先（　　　）。

　　A.查询订单状态　　　　　　　　　B.询问买家换货原因

　　C.说服买家不要换型号　　　　　　D.重新发货

二、多选题

1.下列工作内容属于售中客服做的是（　　　）。

　　A.查询订单状态　　B.换货　　　　　C.更改物流　　　　D.取消订单

2.目前，淘宝后台的物流选择有（　　　）。

　　A.在线下单　　　　B.自己联系物流　　C.无纸化发货　　　D.无需物流

3.以下属于第三方物流优势的是（　　　）。

　　A.牢牢控制物流活动各个环节

　　B.专业化程度高，服务质量高

　　C.成本降低，可以充分利用资源

　　D.直接接触客户，把握顾客需求和市场动向

4.常见的物流、快递公司有（　　　）。

　　A.圆通速递　　　　B.德邦物流　　　　C.邮政EMS　　　　D.申通快递

5.网店选择快递公司的原则有（　　　）。

　　A.优先选择电子商务平台推荐的快递公司

　　B.选择网店覆盖较广的快递公司

　　C.与多家服务质量较好的快递公司保持联系，根据不同情况选择不同快递公司

　　D.选择下单方便，反应快速的快递公司

6.在跟单服务中，客服往往需要完成（　　　）。

　　A.修改备注　　　　B.修改商品价格　　C.修改地址　　　　D.合并订单

7.当顾客付款成功后第二天又取消了订单，此时客服应该（　　　）。

A.后台中取消订单

B.查询订单状态,如果订单已发货,则联系物流公司追回货品

C.查询订单状态,如果订单已发货,联系物流公司后无法追回货品,则致歉顾客协商拒签

D.查询订单状态,如果订单未发货,则直接在平台中取消订单

8.当顾客付款成功后第二天又要求更换货品型号,此时客服应该(　　　　)。

A.按照顾客要求重新发货

B.查询订单状态,如果订单已发货,则联系物流公司追回货品,重新发货

C.查询订单状态,如果订单已发货,联系物流公司后无法追回货品,则致歉顾客协商重新发货

D.查询订单状态,如果订单未发货,查询仓库,重新发货

9.当顾客付款成功但未收到货品时,该订单可能还存在(　　　　)。

A.取消　　　　　　B.换货　　　　　　C.更改物流　　　　　　D.退货

10.物流信息有三个重要环节分别是(　　　　)。

A.订单发货信息　　B.订单运输信息　　C.订单配送通知　　D.订单签收通知

三、判断题

1.如果网店售卖的商品为演唱会光盘,后台发货可选择"无需物流"。　　　　(　　　)

2.在核对订单信息时,客服只需要核对收件人姓名和电话就可以了。　　　　(　　　)

3.淘宝平台上,客服可以使用千牛工具直接与买家确认订单信息。　　　　(　　　)

4.每家物流、快递公司的首重和续重金额都是一样的。　　　　(　　　)

5.随着快递行业发展,传统的纸质面单正逐步被电子面单替换。　　　　(　　　)

6.网店需要将商品的物流信息以短信形式告知买家。　　　　(　　　)

四、简述题

1.客服为什么必须跟下单顾客进行订单确认?

2.请简述客服在处理换货和取消订单操作中的异同。

项目四
售后服务内容

【 项目概述 】

美美到售中客服组锻炼的时间转眼就结束了，在这段时间里，她学会了如何在平台中查询客户订单状态，并能根据顾客退换货要求，按照客户订单状态进行跟单服务。在售中客服组锻炼期间，她已经成功给十几位客户办理过退换货手续，工作中没有出现失误。

美美一路过五关斩六将，成功来到了售后客服组实习。师傅提前告诉过她，售后客服是客服岗位中工作压力最大的部门，他们除了完成商品常规售后服务外，还要处理商品售后纠纷。美美听前辈们引以为豪地说过，公司把处理售后纠纷的方法取名为"三步骤六内容行动法"，但具体该怎样操作还不是很清楚。带着疑问与好奇，美美敲响了售后客服组办公室的门。在售后客服组实习期间，美美又将迎接怎样的挑战呢？让我们拭目以待吧！

【 项目目标 】

知识目标

了解售后客服的工作内容和职责；

熟悉处理商品退换货的流程；

理解分类管理客服的意义；

掌握处理投诉纠纷的技巧；

掌握提高好评率的方法。

技能目标

能在平台中完成商品退换货的操作；

能在平台中完成商品退款的操作；

能运用"三步骤六内容行动法"协调售后纠纷；

能利用软件对客户进行分类管理。

情感目标

培养学生认真细致的工作态度；

培养学生团队协作的工作意识。

［任务一］　　　　　　　　　　　　　　　　NO.1

了解售后客服工作岗位标准

【情景设计】

美美到了售后组后，师傅安排美美的第一件事情就是熟悉售后客服岗位的工作内容、岗位职责、职业素养以及收集整理常用语，以备日常所需。

【情景再现】

买家：前几天在你们家购买的眼镜，可以退货吗？

客服美美：亲，可以退货的。本店商品支持七天无理由退换货。可以告诉我退货的原因吗？如果不是商品质量原因，运费需要您自己承担哟。

买家：感觉款式不是特别适合我。

客服美美：亲，我们店铺里面还有一些其他款式的眼镜，我帮您推荐几款，您看一下喜不喜欢？

买家：好的，谢谢。我看看。

客服美美：如果有喜欢的款式可以直接下单，这些款式都有货。之前买的那款眼镜可以直接申请退换货，我会尽快帮您处理的。

【情景分析】

当买家收到商品不喜欢，要求退货。客服应该怎么处理呢？一般店铺的处理流程如图

4-1-1所示。当买家要求退货时,客服要第一时间了解退货的原因,根据不同的退货原因,作出合理的应对策略。本案例中是因为买家对款式不喜欢,客服可以为其推荐其他的款式,引导她由"退货"变成"换货",减少店铺的损失。

图4-1-1　买家款式不喜欢,退换货流程

作为一名客服新手,面对各种退换货、投诉等的异常订单,可能举手无措。但了解了售后客服的岗位标准后,就能够清晰地了解到自身的工作内容,从而在实际工作中,明白自己该做什么、不该做什么,该怎么做才能提高工作效率。面对店铺内的异常订单,客服要学会灵活处理。

【任务实施】

售后服务是网店让客户忠诚的核心,主要工作是解决客户实际购买中存在的问题,为客户提供满意的解决方案,以及对客户进行回访。要维护好网店的形象,如淘宝店铺的DSR评分、好评率等,提高客户复购率,就必须了解售后客服岗位的工作任务、职责及职业素养,而收集整理常用语可以让售后工作事半功倍。

活动1　了解售后客服的工作内容

售后客服的工作任务主要是解决客户购买产品后所产生的产品质量、快递、退货退款、交易纠纷等问题,其主要工作任务为处理退换货、处理退款、处理投诉纠纷、管理评价、客户管理等,如图4-1-2所示。

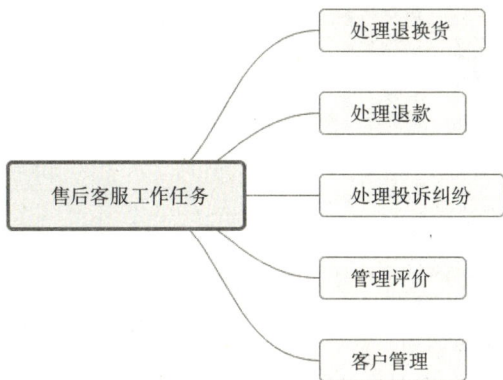

图4-1-2　售后客服工作内容

（1）处理退换货

售后客服必须了解退换货的流程,各电商平台关于退换货的规定,如七天无理由退换货,客户退换货的原因,积极完成客户退换货。一般淘宝店铺退换货流程如图4-1-3所示。

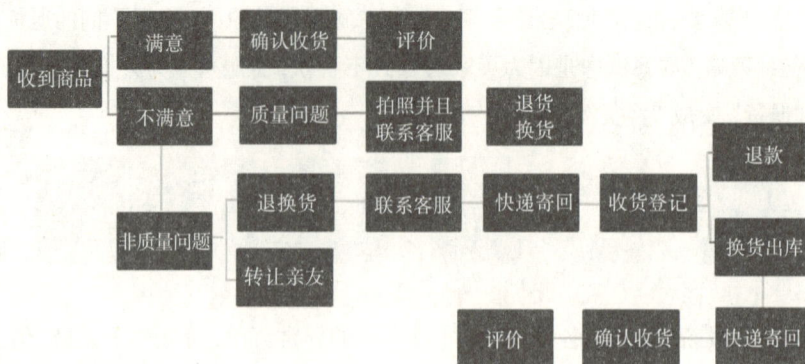

图4-1-3　淘宝店铺退换货流程

【知识链接】七天无理由退换货是指买家在签收商品之日起七天内对支持七天无理由退换货的商品且符合商品完好标准的,可向卖家发起七天无理由退货或换货申请。七天期间自买家签收商品后的次日零时开始起算,满168小时为七天,买家签收商品时间以物流签收时间为准。

（2）处理退款

售后客服必须熟悉各电商平台、公司退款的相关规定,如天猫退款的相关规定,了解客户退款的原因,与客户沟通、协商后,再与财务人员一起完成客户退款。淘宝退款管理页面如图4-1-4所示。

图4-1-4　淘宝退款管理页面

（3）处理投诉纠纷

售后客服必须了解各电商平台、公司投诉处理的规则,客户投诉的主要原因,与客户积极沟通,恰当地处理客户投诉。淘宝处理违约投诉管理页面如图4-1-5所示。

图4-1-5　淘宝违约投诉管理页面

（4）管理评价

售后客服必须熟悉客户评价的流程，购物平台评价管理的规则；能分析店铺获得好评的原因，努力提升客户的好评率；分析中差评的原因，制订处理中差评的策略，正确处理中差评。淘宝店铺评价中心如图4-1-6所示。

图4-1-6　淘宝店铺评价中心

【知识链接】《天猫评价管理规范》规定，基于真实的交易，交易双方可在交易成功后15天内，以发布与交易的商品或服务相关的信息方式开展相互评价。自交易成功之日起180天（含）内，买家可在做出店铺评分后追加评论，追加评论的内容不得修改，也不影响商家的店铺评分。被评价人可在评价人做出评论内容和/或追评内容之时起的30天内做出解释。如果要投诉，须在交易对方做出评价的30天内进行投诉，未在规定时间内投诉的，则不予受理。

（5）客户管理

根据客户的属性、地域、购买频率等，将客户分类，对老客户进行回访，宣传店铺活动等，提高老客户的复购率。卖家往往会在服务市场订购客户关系管理插件，如图4-1-7所示。

图4-1-7　部分客户关系管理服务插件

例如集客CRM可以挖掘用户的属性，如图4-1-8所示，实现精准营销，可采用短信、邮件、红包、优惠券等多种形式与买家互动。

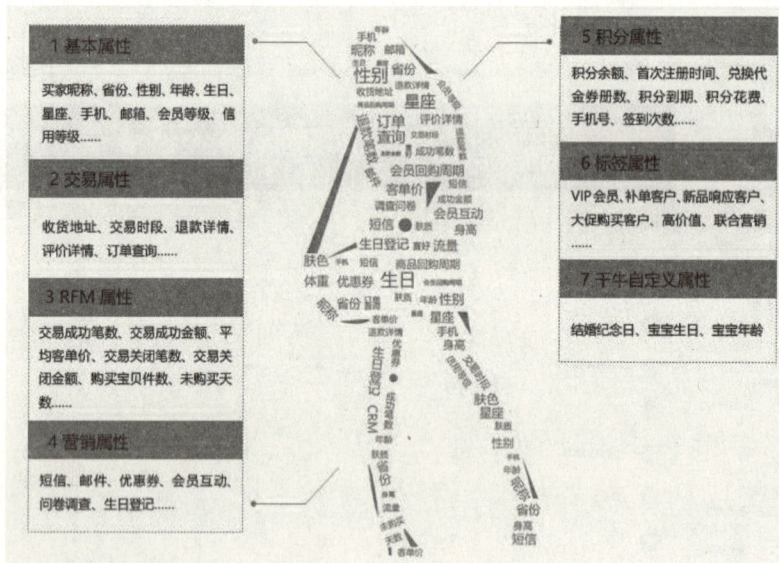

图4-1-8　挖掘客户属性

【做一做】

打开天猫，查看天猫《七天无理由退换货规范》，请写出不适用七天无理由退换货的商品品类。

淘宝网七天无理由退换货规范

活动2　了解售后客服岗位的工作职责

美美了解了售后客服的工作任务之后，希望知道每一个任务有什么要求？有经验的售后客服告诉她，公司对每一个岗位都有相应的工作职责。售后客服工作职责见表4-1-1。

表4-1-1　售后客服工作职责

工作内容	工作职责
处理退换货	①对客户提出的退换货信息及时回复，安抚客户，了解退换货的原因，请客户拍照核实。 ②登记退换货（破损/补货/换货/退货）的订单。 ③积极与客户和仓库管理员沟通，按照平台退换货流程，完成订单的退换货处理，并做好登记。 ④对前一天物流发货情况进行跟踪，对未查询到的订单，及时与快递公司和客户沟通，主动延长收货时间
处理退款	①对客户提出的退款信息及时回复，安抚客户，了解需要退款的原因。 ②登记退款订单（未发货，已发货），详细备注原因。 ③根据平台和公司的规定，及时和客户、财务人员沟通，采取不同的退款处理方式（直接退款、快递返回后退款、补偿性退款、退货后退款）
处理投诉纠纷	①对客户提出的投诉信息及时回复，安抚客户，了解投诉的原因。 ②登记投诉信息，核实责任方，与客户协商解决。如不能解决，申请平台工作人员介入解决，并提供有力的证据
管理评价	①跟踪每天的客户评价，对每一条评价作出合理解释。 ②统计、记录中差评，及时反馈给运营人员。 ③主动联系客户，与客户沟通，撤销差评，提升好评率
客户管理	①建立客户档案、质量跟踪记录等售后服务信息管理系统，对老客户进行分门别类。 ②定期或不定期进行客户回访，以检查客户关系维护的情况。 ③配合售前进行店铺活动的宣传

【做一做】

根据售后客服的工作职责，你能处理下面的异常订单吗？请写出其正确的处理流程。

客户在店铺购买了手机，收到商品后发现商品有略微瑕疵，客服人员提出赔付处理建议，客户同意后客服人员正确的处理流程是什么？

A.要求客户拍照确认瑕疵　　B.要求客户申请退货　　C.要求客户退回商品

D.查收退货商品　　E.要求客户补差价　　F.告知客户单号　　G.申请售后补偿

H.拒绝换货申请　I.检查商品瑕疵　J.通知仓库重新发货　K.客户发起换货申请

正确处理流程：（　　　）→（　　　）→（　　　）→（　　　）→（　　　）→（　　　）

→（　　　）→（　　　）→（　　　）→（　　　）→（　　　）

活动3　了解售后客服岗位的职业素养

美美了解了售后客服的工作职责，如何才能胜任这份工作呢？有经验的客服告诉她，一个合格的客服人员，应具备严谨的工作作风、热情的服务态度、熟练的业务知识、积极的学习态度，能耐心地向客户解释，虚心地听取客户的意见等。

1.热情的工作态度

只有真正热爱售后服务这份工作，才能全身心地投入工作。

2.熟练的业务知识

熟悉购物平台的各项规则和公司的管理规定，了解处理退换货、退款、投诉的流程，能准确无误地向客户提供退换货、退款及投诉处理等各项服务，让客户的问题得到解决并享受到温馨的服务，提高店铺的好评率，增加回头客。

3.耐心地解答问题

在工作过程中，应保持热情诚恳的工作态度，在做好解释工作的同时，要语气缓和，不骄不躁，如遇到客户不懂或很难解释的问题时，要保持耐心，直到客户满意为止。

4.良好的沟通协调能力

有效沟通能力是客服工作人员的一个基本素质。客户服务是跟客户打交道的工作，倾听客户、了解客户、启发客户、引导客户，都是客服和客户交流时的基本功，只有了解了客户需要什么服务和帮助，客户的抱怨和不满在什么地方，才能找出公司存在的问题，对症下药，解决客户问题。

【典型案例】

买家在店铺下单三件商品，收到商品后，发现只有两件。此种情况客服人员应该怎么处理呢？客服人员要有熟练的业务知识，了解公司处理漏发订单的处理流程。漏发商品处理流程如图4-1-9所示。

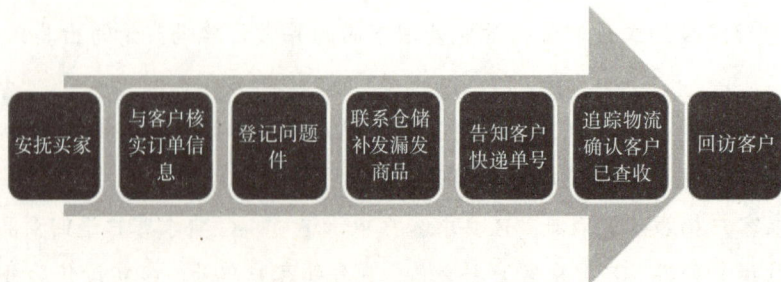

安抚买家　与客户核实订单信息　登记问题件　联系仓储补发漏发商品　告知客户快递单号　追踪物流确认客户已查收　回访客户

图4-1-9　漏发订单处理流程

除了解了漏发订单处理流程外，客服人员还要及时和买家沟通，安抚买家的情绪，并耐心解答他们的疑问，提出切实可行的解决办法，争取得到买家的谅解，从而减少店铺的差评。买家与客服美美的对话见表4-1-2。

表4-1-2　买家与客服美美的对话

买家	亲，我在你们家买了三件商品，怎么只发了两件？
客服美美	亲，非常抱歉，请把收到的商品拍照发给我，我这边核实一下订单，如漏发，我让仓库给您补发，给您造成不愉快的购物体验，请谅解。
买家	好的，马上拍照发给你。
客服美美	谢谢您，我马上联系仓储给您补发漏发商品。正值活动期间，订单太多，给您造成的不愉快的购物体验，再次请您谅解。
买家	好的，请尽快补发商品。
客服美美	亲，我们已经给您补发了商品，快递单号是1234566，请注意查收。

【做一做】

请你到招聘网站查询售后客服的工作内容、岗位要求、薪资等信息，完成下面表格的填写。

岗　位	工作内容	岗位要求	薪资范围
售后客服			

活动4　收集整理常用语

及时准确回复客户退换货、退款、争议的问题，安抚客户是售后客服的首要工作。收集整理常用语，可以提高工作效率。售后客服常用语见表4-1-3。

表4-1-3　售后客服常用语

情　景	常用语	处理办法
商品破损	亲，很抱歉，已经看到您的图片了，给您添麻烦了。发货前，我们都会检查商品是否完好，可能是快递运输过程中损坏了，我们给您返回3元钱到支付宝作为补偿，可以吗？	表达歉意，安排更换或补发，并尽量降低店铺损失

续表

情 景	常用语	处理办法
商品发错	亲，非常抱歉，给您添麻烦了，您看这产品能不能接受？或者问下亲戚朋友喜不喜欢，帮忙推荐下。我们这边给您补偿差价，可以吗？	表达歉意，最好客户能接受产品，并补差价。实在接受不了，退回商品，然后更换商品，快递费由客户先垫付，然后再退费给客户
商品漏发	亲，非常抱歉，请把收到的商品拍照发给我，我这边核实一下订单，如漏发，我让仓库给您补发，给您造成不愉快的购物体验，请谅解。	处理漏发的情况要先核实，后补发
商品与描述不符	亲，由于光线原因，拍出的照片和实际的会有一点差距。如果能接受的话，我申请给亲退点差价。实在不喜欢，我给您推荐一些其他的款式，可以吗？	有照片为证的情况，及时处理，通过退差价让客户接受这个产品。如果客户不接受产品，就推荐一些其他的产品
商品与客户想象不一致	亲，我们产品都是如实描述，如果您收到的商品不是很满意，本店支持七天无理由退换货服务。如果不是质量问题，退回的运费，需要您自己承担。	表达产品与描述一致，客户不满意就按照平台要求退换货
包装问题	亲，我们发货前都会检查商品是否包装好，运输过程中，难免会磕碰到。由于快递给亲造成不愉快的购物体验，深感抱歉。您检查下商品有无破损呢，如有质量问题，我们会帮亲处理好的，请放心。	首先表达歉意，如果只是包装出现问题，争取得到客户谅解。如果商品质量受到影响则安排退换货，并将情况汇报给掌柜
退差价	亲，确认收货后，请给我们一个好评。您现在可以把支付宝账号和姓名发我，我做好登记。48小时内让财务给您打款，请注意查收。	及时办理退差价的情况
好评返现	亲，感谢您对我们的认可。很抱歉，我们暂时没有这样的活动，商品的价格已经是特惠促销的价格。您可以看看本店其他的商品，现在老顾客有优惠活动。	根据店铺运营安排，实事求是地回答，但要对好评进行引导

【做一做】

客户收到太阳镜后发现眼镜片颜色与自己购买的不符，要求更换，此时联系到了客服，客服应该怎么回答？

天猫交易如何
申请维权

【任务拓展】

一、单选题

1.客服人员在遇到客户退换货时应该怎么处理?(　　)

　A.直跟客户聊天,推荐我们的宝贝和套餐

　B.跟客户聊天,告知客户店铺的相关退换货规则和流程

　C.先查询客户的订单,是否跟其他的客服交流过,了解客户的退换货原因,再告知客户退换货的相关流程和规则

　D.跟客户交流,告知客户退换货规则及流程,并且向客户推荐店铺的宝贝和套餐

2.客户在跟客服交流不肯承担运费,客服应该如何处理?(　　)

　A.威胁客户让其承担运费

　B.告知客户退换货的相关规则

　C.跟客户协商运费问题,如果客户不承担运费就不给予办理退换货服务操作

　D.让客户以到付的方式寄回

3.买家收到货后觉得衣服颜色不喜欢,要求退货,客服此时应该(　　)(卖家有参加七天无理由退换货)。

　A.以无质量问题回绝顾客

　B.要求顾客承担寄出运费

　C.要求顾客承担寄回运费

　D.告知顾客需保证产品不影响二次销售才能办理退货

4.顾客C参加了天猫D店铺"双11活动",买了两件衣服,一件是2400元,一件是500元。D店铺承诺15天内发货,但20多天过去了,C顾客迟迟未收到衣服,和D店铺客服沟通,客服回复说衣服订单量太大,备的货都发光了,要订制现做,这一批工厂收来的面料不好,他们没用,换面料耽误时间了,一个月后C顾客收到了衣服,但是很不开心。如果你是这家店的客服,若预期承诺15天后不能及时发货,你会怎么做?(　　)

　A.发货不是我们的事情,因为不知情,所以不关我们客服的事

　B.每天工作很忙,等顾客找到我们时再安抚一下

　C.每天及时查看发货情况,仓储发货处对接,发现问题提前跟顾客沟通,获得顾客信任和谅解

　D.延长顾客的收货时间

5.客户在退款时,申请退款栏里退款原因写的是卖家缺货。客服应该(　　)。

　A.直接让财务退款。

　B.联系客户跟客户交流协商修改原因以后再提交售后让财务退款。

　C.威胁客户让其修改退款原因。

　D.不理会客户,让客户自己联系售后进行退款处理。

6.消费者在天猫某店铺购买了一双鞋子后,向客服反馈未收到货并要求退款;客服联系快递公司,快递员说是直接将商品放在消费者门口(未经收件人授权且无法提供签收底单),此时客服该如何正确处理客户反馈的问题?(　　　)

A.先联系快递公司赔付;若获赔则退款给消费者,否则延迟。

B.以"包裹遗失是消费者责任"为由,拒绝消费者退款申请。

C.以"快递责任"为由,要求消费者联系快递赔付。

D.安抚消费者并询问处理意见,再找快递公司赔付。

二、多选题

1.商家在活动大促期的出货量大,事后小A接到消费者"少发漏发"的反馈,针对这种情况,小A以下做法不正确的是(　　　)。

A.将消费者反馈的情况登记入表,并将其发给仓库核实,同时告知消费者查询进度

B.主动联系消费者,仓库订单量大暂未回复,一旦有结果就会同步相关信息

C.告知消费者可能是快递运输过程中丢件,引导消费者自行联系快递公司处理

D.告知消费者大促期间仓库爆仓,快递不能保证时效,需耐心等待,敬请见谅

2.在处理售后纠纷时,沟通技巧是很重要的。在与顾客交流时,客服不能说的话有(　　　)。

A.这个不属于我们的问题,我们不能负责

B.亲的货被快递公司遗失了,请找快递公司索赔

C.退的货你没填单号,导致退款速度慢,这不是我们的错

D.亲能把你的订单号发一下吗?我这边帮你查一下是什么情况

[任务二]

完成常规售后服务

【情境设计】

经过这段时间的实践，现在的美美已经熟练地掌握了售前客服和售中客服的技巧，刘艳师傅决定让美美试试售后客服的工作。美美刚接手售后客服工作，就发现了需要售后客服处理的几种不一样的订单。

【情景再现】

顾　客	订单问题
顾客A	订书机早就送到了，还未确认收货
顾客B	不喜欢买的三层文件收纳盘，要求换货
顾客C	买的一款订书机，要求退货、退款
顾客D	买的一个小书架，有一块木板有裂缝，嫌退货麻烦，要求补偿
顾客E	买的计算器，收货后，给了店铺一个差评

【情景分析】

这么多问题，美美感到无比困惑，师傅刘艳告诉美美，在网店交易的过程中，经常都会出现退换货、中差评或者补偿损失等问题，这些都属于售后客服要处理的内容。遇到这些问题不要着急，要以真心为客户服务的态度，积极主动处理，快速地解决客户的问题。师傅刘艳将自己处理常规售后服务的技巧分享给了美美。

【任务实施】

对一个网店来说，良好的售后服务不仅是买方市场条件下参与市场竞争的尖锐利器，也是保持客户满意度、忠诚度的有效举措，更是企业摆脱价格大战的一剂良药。

当给客户发货后，顾客可能会顺利收货、友好评价，也有可能换货、退货、退款、要求补偿、对商品进行中差评等，这时就需要售后客服人员处理这些问题。因此掌握售后流程，处理售后问题是客服人员必须掌握的技能。

活动1　关怀售后客户

师傅刘艳告诉美美，其实客服销售的不仅是商品，更是一种客户情怀，也就是说在售前、售中、售后都应该进行客户关怀，让买家感受到客服的贴心服务，刺激新用户的转化，老用户的回头率。那么，售后客服如何进行客户关怀呢？

1.发送售后信息

（1）验收提醒

当买家购买的宝贝物流状态变为已派送时，需要给买家发送验收提醒信息，如图4-2-1所示。

图4-2-1　验收提醒信息

（2）催评提醒

当买家确认收货后未及时评价，应提醒买家对订单作出评价，避免错失好评机会，如图4-2-2所示。

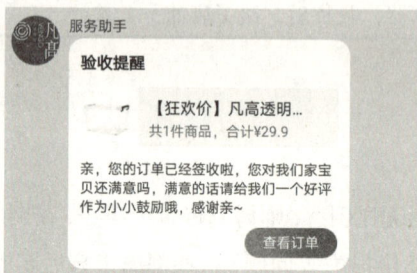

图4-2-2　催评信息

（3）退款成功提醒

买家若发起退款，退款成功后，应发送信息提醒客户，提升服务。

2.设置售后信息

售后信息可以通过千牛工作台，在与客户的对话框中直接输入信息提醒，也可以使用短信提醒。若要使用千牛工作台的短信功能，则需要先进行短信签名的申请。

（1）设置验收提醒信息

发送条件：淘宝物流状态为"派送"且买家还未确认收货。

参考模板：

亲~您的快递已经在派送了，请您耐心等待。收货时，请确认商品完好无损后再签收，有任何问题请联系客服哟~

千牛平台短信功能

亲爱的#买家名称#，您的宝贝目前乘坐物流已经到达您所在城市开始派送了，请检查宝贝包装是否完整，当场确认无误后再签收哦~

（2）设置催评信息

发送条件：买家确认收货后2~3天一直未评价。

参考模板：

亲~您拍下的宝贝已收到，若对我们服务满意，请赐我们5分好评；不满意请及时联系我们哟~

亲爱的#买家名称#，您的宝贝已签收，宝贝您还满意吗？如您满意可点亮5颗星为我们加油，期待您的下次光临！（如图4-2-3所示）

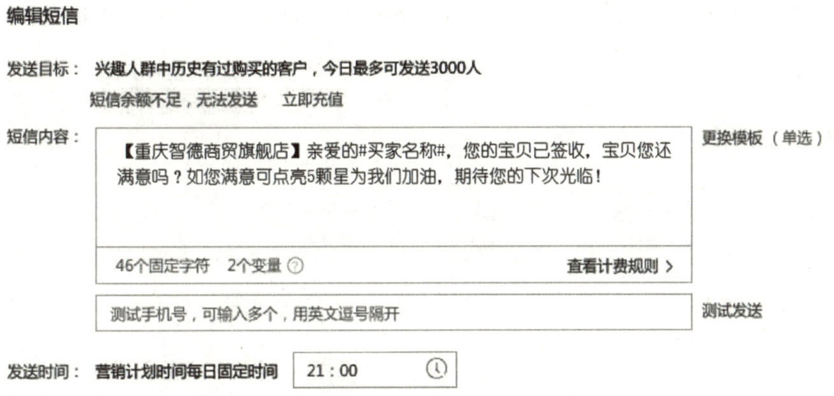

编辑短信

发送目标： 兴趣人群中历史有过购买的客户，今日最多可发送3000人

短信余额不足，无法发送　立即充值

短信内容： 【重庆智德商贸旗舰店】亲爱的#买家名称#，您的宝贝已签收，宝贝您还满意吗？如您满意可点亮5颗星为我们加油，期待您的下次光临！

更换模板（单选）

46个固定字符　2个变量 ⑦　　　　　　　　查看计费规则 >

测试手机号，可输入多个，用英文逗号隔开　　　测试发送

发送时间： 营销计划时间每日固定时间　21：00 ⏰

图4-2-3　编辑短信界面

（3）设置退款成功信息

发送条件：卖家同意退款完成后。

参考模板：

亲爱的#买家名称#！您的退款已经完成，我们将再次提高我们的服务质量，让您满意，期待您的下次光临。

亲爱的#买家名称#！您的订单：#订单编号#申请了退款，退款处理已完成，请查收。如有问题，及时联系我们，谢谢！

【做一做】

在售后提示信息的设置上，使用的语言可以更具特色和独创性，这样才能更好地体现店铺的风格。请同学们3人组成一个团队，编写不同类型的3条售后提示信息模板。

活动2　处理退换货

在美美梳理的售后问题中，顾客B和顾客C属于退换货的问题。应该如何处理退换货呢？

1.了解退换货的原因

物流原因：在物流运输过程中出现商品污损、损坏或丢失等情况。

商品原因：卖家在发货时发错商品，如尺码、型号、规格、数量错误，或商品本身保质期问题、材质与描述不符、产品有污损等。

买家原因：买家不喜欢所购买的商品，或买家选购商品失误导致的错误，如购买服饰时尺码选择错误等。

2.退换货环节的细节问题

（1）注意商品状态

客服需要检查商品是否影响第二次销售，如是否剪标、洗过、已经使用过。如不影响二次销售的商品，可以直接走标准退换货流程。标准退换货流程如图4-2-4和图4-2-5所示。

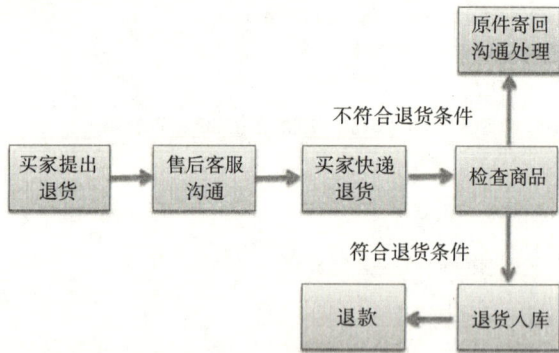

图4-2-4 标准退货流程

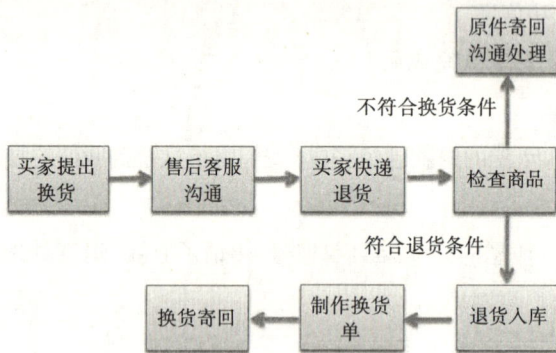

图4-2-5 标准换货流程

若商品出现影响第二次销售的情况，则不能退货。这时，客服要注意安抚顾客情绪，讲清处理缘由，提出处理意见。

（2）运费问题

在退换货的过程中有个很重要的问题——退换货过程中产生的运费应该由谁来承担。退换货中运费的处理方法见表4-2-1。

表4-2-1　退换货中运费常用处理办法

退换货原因	运费由谁来承担
商品原因	一般需要卖家来承担退换货过程中产生的所有运费
物流原因	由卖家先承担，再由卖家和物流公司协商索赔
买家原因	一般需要买家来承担退换货过程中的运费

3.处理退换货技巧

客服在处理退换货时，应注意以下四个技巧，如图4-2-6所示。

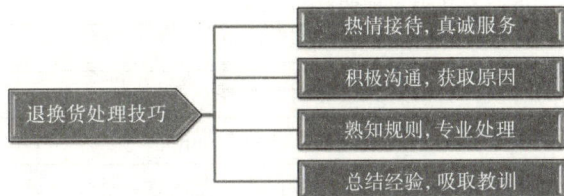

图4-2-6　四个退换货技巧

（1）热情接待，真诚服务

当客户提出退换货请求时，意味着交易可能失败，售后客服在接待客户的过程中，更要做到有礼、有节、有度。热情接待会让客户感觉到并未因为要退换货而受到冷落，反而受到了重视。

（2）积极沟通，获取原因

客户退换货时，有时客户不愿意说出真实的原因。客服只有通过与客户真诚的沟通，才能了解客户的真实原因，进而有针对性地为客户服务。在沟通的过程中，客服态度一定要真诚，要表明自己乐于帮助客户解决此类问题，最后询问客户出于什么原因要求退货。只有积极、热情的沟通才能得到客户的信任，达到事半功倍的效果。

（3）熟知规则，专业处理

不同的平台、网站和网店有不同的退换货规则，客服要熟知相关规则。客服在遇到客户要求退换货的时候，要正确地利用退换货规则去处理。按规办事会让客户感受到你的专业，得到客户的信任，但一定要注意沟通方式，用语不能过于生硬。如客户说质量有问题，按网店规则是需要客户拍照的，客服可以这样说："亲，能麻烦您拍几张照片发过来吗？"如果确实是质量问题，要马上向客户道歉，并且承诺退换货，来回的邮费由卖家自己承担，尽最大的诚意让客户感受到卖家对客户是负责任的。

（4）总结经验，吸取教训

客服在处理客户退换货时，要善于从退换货原因中吸取经验教训，总结退换货原因，然后制订解决问题的相应措施。例如，如果因为产品色差的缺陷导致客户退货，那么在以后销售这类商品时就要向客户解释由于拍摄原因可能存在一定的色差，从而尽量避免因此而导致的退货问题。

【典型案例】

顾客购买了一架水晶飞机模型。由于是易碎品，在发货时进行了仔细检查，确保没有损坏后才发货。买家是上午收的货，但到下午时却说货物是破碎的，客服美美与买家沟通，以便解决问题。

买家	我在你们店里买了一架水晶飞机模型，它是坏的。
客服美美	亲，很抱歉让您不愉快了。但是，亲，我们这款产品在发出时是完好无损的，之所以会出现您说的货物被损坏，只有一种可能，一定是货物在运送过程中被损坏。如果是这个原因，咱们会与快递公司协商，会免费为您再配送一个同样的产品。但是，这需要您给予证明。
买家	怎么证明？
客服美美	您在收货的时候，有没有先验货再签收呢？
买家	没有。我直接签收了，回家打开才看到是坏的。
客服美美	这样吧，你拍一张照片发给我。我们再给您配送一个。下次一定记得在收货的时候先验货哦。

在淘宝交易的过程中，经常可以看到很多买家因为货物损坏而与卖家纠纷不断，他们甚至投诉卖家。卖家可能会很委屈，因为他们的货物在发出时是完好无损的。货物在运送过程中可能会被损坏，特别是一些易碎品更是如此。而且，货物被损坏也不排除存在买家自身的因素。不管是哪种因素造成了货物被损坏，卖家都会处于被动地位。因此，客服人员在与这类买家沟通时也要掌握一定的技巧。

【做一做】

请您帮助美美处理顾客B的换货问题。可由两名同学进行角色扮演，一人扮演顾客，一人扮演售后客服。

淘宝后台处理退换货

【试一试】

怎样在淘宝后台处理退换货？操作步骤是怎样的？

活动3 处理退款

顾客C买的一款订书机要求退货、退款；顾客D买的小书架，有一块木板有裂缝，嫌退货麻烦，要求补偿。除此之外，还有哪些情况会引发退款呢？

1.退款原因及处理方式

经营网店，难免会有客户申请退款。客户退款的原因有很多，作为客服一定要了解退款

的原因，这样才能针对性地处理退款。例如，卖家未按约定时间发货和缺货，同意退款之后不仅要全额退款给买家，还需要赔付货款的30%、不高于500元的违约金给买家，因此客服一定要熟记各类退款原因，在做退款处理时一定要小心谨慎。

以天猫旗舰店为例，退款处理见表4-2-2。

表4-2-2　未收到货（天猫）退款处理

退款理由	天猫官方解释	交易情况判断	处理方法
协商一致退款	通过交流沟通与卖家达成一致进行退款	买家拍下后反悔，不购买了，未发货	给予退款
		买家拍下后反悔，不购买了，已发货	通知快递退回，扣除运费后给买家退款
未按约定时间发货	卖家未及时发货，单方面违约	卖家发货超过48小时	由客服给客户打电话道歉，送给客户一个价值10元的赠品，请客户将退款理由修改成"协商一致退款"
		卖家发货没有超过48小时	由客服给客户打电话说明，请客户将退款理由修改成"协商一致退款"
虚假发货	由于卖家虚假发货，当卖家同意退款后，顾客还可以额外获得商品价格30%（不大于500元）的赔付金	卖家真实发货	提供快递单据的照片
		卖家填错单号	提供快递单据的照片，留言说明原因。由客服给客户打电话说明，请客户将退款理由修改成"协商一致退款"
其他	请您在退款说明处如实填写退款情况	买家拍下后反悔，不购买了，未发货	给予退款
		买家拍下后反悔，不购买了，已发货	通知快递退回，扣除运费后给买家退款
商品质量问题	您购买的是消保"如实描述"商品，当您确认是卖家的责任所导致的商品质量问题，如果卖家拒绝退款，淘宝将提供优先赔付保障服务	产品质量问题	请客户从多个角度拍摄商品存在质量问题部分的局部细节照片3张，发给客服交由公司品质管理部门查看，限3个小时内给予明确答复。如果是产品质量和瑕疵问题，给予客户该产品价格20%～50%的现金返还作为补偿
		色差或者客户主观意识	给予客户该产品价格20%的现金返还作为补偿。如果客户同意接受该产品，为表示我公司的诚意，先支付现金，然后诚恳地请求客户给予5分好评

续表

退款理由	天猫官方解释	交易情况判断	处理方法
收到的商品不符	您购买的是消保"如实描述"商品，当您收到的实物与网上描述不符，或者卖家发错货、漏发货等，如果卖家拒绝退款，淘宝将提供先行赔付保障服务	发错货	协商一致，根据商品实际价格差，给予退款
		漏发货	给予退款或补发
退运费	退还购买时多支付的运费	购买时多支付了运费	给予退款
发票问题	发票没收到	在包裹中	提醒客户查找
		遗漏发票	给客户补发
			给客户退6%的货款
其他	请您在退款说明处如实填写退款情况	特殊情况	客服经理具体判断
七天无理由退换货	在您收到货物后七天内，由于不喜欢、不想要等主观原因且符合七天无理由退换货条件下提出退换货。如果是因质量原因退款，请选择"质量原因"（非商品质量问题的运费处理：商家包邮产品由双方分别承担各自发货运费；非商家包邮产品所有邮费均由买家承担）	客户愿意承担运费退货	给予退货，收到包裹后检查通过，给予退款
商品质量问题	您购买的是消保"如实描述"商品，当您确认是卖家的责任所导致的商品质量问题，如果卖家拒绝退款，淘宝将提供先行赔付保障服务	产品质量问题	确定属于商品质量问题后，请客户将要求修改成"退货退款"，由卖方承担运费，给予客户退货、退款
			如果是运输中的破损问题，卖方承担所有运费，给予客户退货、退款，并给予客户10元补偿费，由物流发货部门和物流公司进行问题包裹处理
			说明：运费一般由客户先行垫付，卖方收货后打款给客户，购买了运费险的，理赔公司审核后打款给客户支付宝
		色差或者客户主观意识	给予退货，收到包裹后检查通过，给予退款

续表

退款理由	天猫官方解释	交易情况判断	处理方法
收到的商品与卖家描述不符	您购买的是消保"如实描述"商品，当您收到的实物与网上描述不符，或者卖家发错货、漏发货等，如果卖家拒绝退款，淘宝将提供先行赔付保障服务	商品不符	给予客户该产品价格20%～50%的现金返还作为补偿。如果客户同意接受该产品，为表示我公司的诚意，先支付现金，然后诚恳地请求客户给予5分好评。如果客户不同意接受该产品，由我方承担该产品所产生的所有运费，给予客户退货、退款

2.退款形式

根据上述的原因及处理方式，可以将退款总结为以下4种形式，见表4-2-3。

表4-2-3　退款情况

退款形式	具体情况
未发货退款	当买家刚刚提交了订单，付了款，货物没有发出，然后发现信息填写错误或者不想购买了，此时买家发起退款
拒收后退款	当买家已经付款，货物已经发出，但买家拒绝签收快递，由快递公司将商品退回。这时买家申请退款
补偿性退款	买家已经签收，此时发现货物不满意，买家和卖家协商，说明情况。如果确实存在磨损或者质量问题，买家可以与卖家商量，给予一定的补偿退款
退货后退款	买家已经签收，但买家申请退货。这时，买家可先申请退款，然后按卖家要求用快递寄回，卖家收到货物后进行退款

3.平台操作

根据以上退款的形式，买家和卖家在后台的操作会有所不同。以淘宝为例，若买家收到商品后需要退货退款，则其操作方式如下。

（1）买家退货退款操作

①进入"我的淘宝"→"已买到宝贝"，找到相应订单，单击"退款/退货"，如图4-2-7所示。

图4-2-7　退款/退货

②选择服务类型，这里选择"我要退货退款"，如图4-2-8所示。

三角杆水彩笔 可水洗绘画彩笔 米菲系列儿童涂鸦画笔

选择服务类型

我要退款(无需退货)
没收到货，或与卖家协商同意不用退货只退款

我要退货退款
已收到货，需要退还收到的货物

图4-2-8　我要退货退款

③在"买家申请退货退款"界面，选择服务类型"退货退款"，填写退款原因、退款金额、退款说明，上传退款凭证图片（最多10张），单击"提交"按钮即可，如图4-2-9所示。

图4-2-9　买家申请退货退款界面

④这时退款申请发成功，等待商家处理即可，如图4-2-10所示。

图4-2-10　请等待商家处理界面

后续，可以进入"已买到宝贝"，找到订单，选择"待商家处理"查看同一款的详细信息及卖家答复。

⑤卖家将有10天时间来同意或拒绝买家的退款申请。若卖家同意退货退款协议，页面上会出现卖家的退货地址等信息，买家可根据这些信息填写退货快递单。退货后，再到"请退货并填写物流信息"页面，如图4-2-11所示。

图4-2-11 请退货并填写物流信息界面

⑥单击"填写退货物流单号"，填好内容后，单击"提交"按钮即可，如图4-2-12所示。

图4-2-12 填写物流单号

【温馨提示】买家发起退款后，需要在7天内退货，逾期未退货，退款会被关闭，继续交易。

（2）卖家处理退款后台操作

买家发起退款申请后，卖家需要在后台进行处理，操作方式如下：

①千牛工作平台的消息提示或"千牛卖家中心"→"已卖出宝贝"中，找到订单，单击"请卖家处理"，如图4-2-13所示。

图4-2-13　请卖家处理

②进入"请处理退款申请"界面，将会有"同意退款申请""拒绝退款申请""申请客服介入"这3项选项，卖家应就实际情况作出回应，如图4-2-14所示。

③若是卖家同意退货退款，则单击"同意退货"，进入核对退货地址界面，如图4-2-15所示。

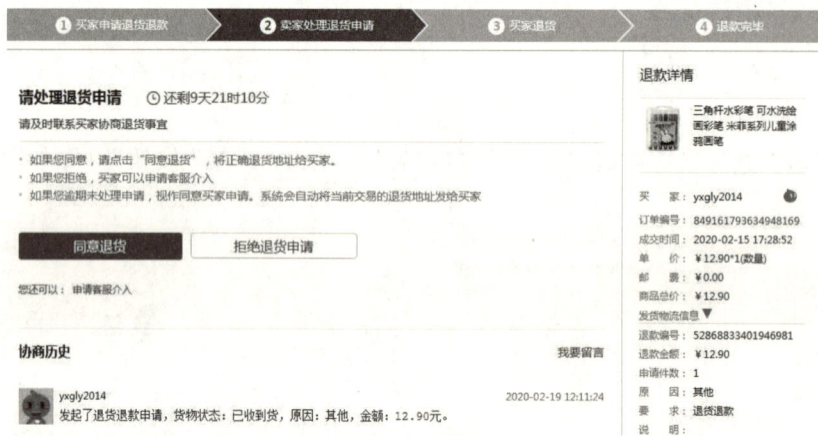

图4-2-14　请处理退款申请界面

图4-2-15　核对退货地址界面

④单击"同意退货"后,则进入"请等待买家退货"界面,等待买家退货,如图4-2-16所示。

图4-2-16　请等待买家退货界面

⑤买家寄回商品,售后客服检查无误后,则单击"已收到货,同意退款",进入支付宝退款界面,如图4-2-17所示。

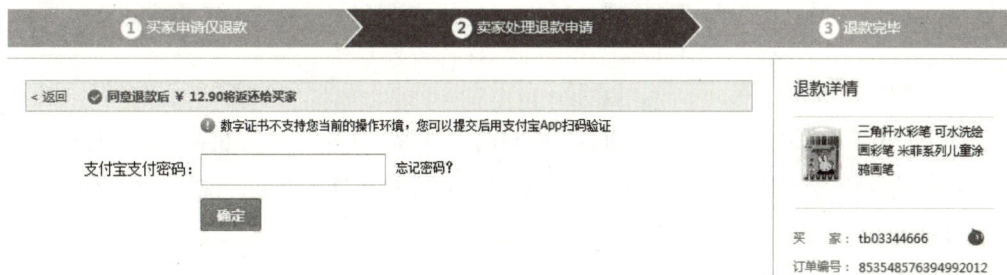

图4-2-17　支付宝退款界面

⑥这样,退款退货就完成了。

【想一想】

针对顾客D买的小书架,有一块木板有裂缝,嫌退货麻烦,要求补偿,客服该如何处理呢?请说一说你的想法。

活动4　管理评价

美美从事客服工作一段时间后,深刻地认识到客户给店铺或商品的评价,会影响后面客户对店铺商品的购买。比如顾客E差评了所购买的计算器后,那款计算器的成交量大大减少了。刘艳师傅告诉美美,绝大部分顾客在购买产品时,除了看产品价格和介绍外,还会看产品的评价,通过之前买家的评价来判断产品的真实情况。因此维护好店铺的评价,对于产品的转化率起着至关重要的作用。

网络购物不同于传统购物,很多客户在选购商品前,希望更多地了解商品和服务信息;

购买商品后,也希望能够在评论里尽可能多地将商品的价值用文字、图片等表述出来。

1.评价的类型

网络平台不同,客户评价方式也不同,主要有以下两种:一是直接选择好评、中评、差评,如图4-2-18所示;二是用1~5分打分进行评价,如图4-2-19所示。一般来说,如果客户给予了好评或满分,说明对卖家比较满意;反之,如果给予了中评或差评或评分低,说明对卖家不够满意。

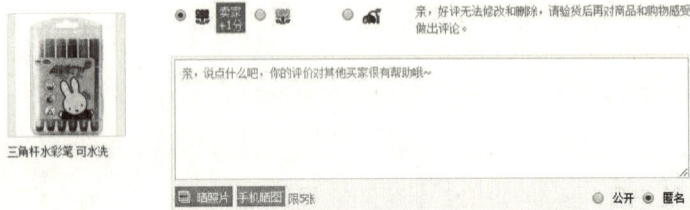

图4-2-18　直接选择好评、中评、差评方式

图4-2-19　用1~5分打分评价方式

2.评价的内容

评价的内容可以是多方面的,如客户可对商品是否与卖家描述的相符、卖家的服务态度、卖家的发货速度进行评价,卖家在客户评价后可针对客户评价进行说明、致谢等,如图4-2-20所示。

图4-2-20　评价内容

3.管理评价

(1)促进正面评价的措施

评价体系是互联网客户下单时参考的重要指标,为了尽量展示产品优秀的一面,日常客服需要尽可能多地累积好评。对于客户的好评客服不能"佛系"看待,要主动出击,而不

是被动等待。客服为了促进正面评价的措施有：

①为客户正面评价设立奖励机制，如好评赠送小礼品、红包、代金券，为客户去主动好评提供一个合理的动机，以提高他们的积极性。

②在售后回访或者客户主动咨询完毕的时候，可以敦促一下聊得较好的客户去好评。

③采用短信的方式，提醒客户有问题及时与客服售后联系，以及好评有礼的活动。

④建立自己店铺的鱼塘，日常重点维护一些复购率高、较活跃的老客户。这些老客户一般都是较为稳定的好评来源。

（2）后台操作

若买家已作出评价，则卖家也应及时给予买家评价。当然也可以卖家先评价，然后再由买家评价。

具体操作方法如下：

进入"千牛工作平台"→"交易管理"→"评价管理"→"评价治理"→"待卖家评价"，对顾客进行评价，如图4-2-21所示。

图4-2-21　待卖家评价界面

若需要对评价进行解释，则需要在双方互评以后进行，因为只有双方互评后，才能看到买家的评价内容。进行解释评价的操作方法是：找到买卖双方已评的相应订单，进入"评价详情"页面，单击"解释评价"即可，如图4-2-22所示。

图4-2-22　解释评价

注意：评价解释只能在评价做出后的15天内进行。

（3）处理技巧

根据不同的评价类型，客服应采用不同的方式进行处理。

①好评的处理

买家给出好评后，客服可以充分利用解释做宣传广告，并不是只有中差评的时候才需要解释。

好评解释的模板如图4-2-23所示。

超乎想象的好，纸张厚实不漏墨，黄色内页护眼，会继续回购

02.12

解释：亲爱的，看到您真心的评价，我的心里顿时涌入一股暖流。原来人与人之间的缘分就是如此简单。我们为您送上最好的产品和服务，您为我们带来您的喜悦和支持！！这就是难以言表的信任和缘分！期待您的再次光临，也把您的喜悦分享给身边的朋友，一起开心，快乐！

颜色分类：A5/40张 促销/单本装（封面随机）　蓝***秋（匿名）

本子很好看，纸质也很好，厚度对我来说也正合适。

02.17

解释："我以为隐身别人就找不到我，没有用的，像我这么拉风的产品，无论在哪里，都像黑夜中的萤火虫一样耀眼。感谢您的支持，我们会坚持我们的初心，为亲们提供更好的产品和更好的服务！"

颜色分类：A5/40张 KAKAO-8本　泰***呀（匿名）

图4-2-23　好评解释模板

【做一做】

请为重庆智德商务旗舰店再编写两条好评解释的模板。

②中差评的处理

出现中差评，客服必须要认真对待，积极开展善后处理工作，化解客户的不满。对于中差评具体的处理方法，请见本项目任务三。

天猫评价管理规范

【任务拓展】

一、填空题

1.评价作出后的_____天内可以做评价解释。

2.在买家退完货之后，买家_____（从"能"/"不能"中选择）对卖家的服务做出评价。

3.买家申请退款，卖家超过_____天不处理，退款协议将生效，交易自动进入退款流程。

4.张三购买了一件价值168元的衣服，卖家没有包邮，物流费是15元。当张三收到货物时，要求退货，那么应该退给张三_____元钱。

5.淘宝网评价规则是由_____和_____两部分组成。

二、选择题

1.买家办理退货后,客服应该( )。

　　A.提醒顾客在网上填发货单　　　　B.收到货后检查登记并办理退款

　　C.收到货后联系顾客推荐新款　　　D.以上几种方法都可以

2.买家收到货后觉得颜色不喜欢,要求退货,此时客服应该( )(卖家参加七天无理由退换货)。

　　A.告知顾客需保证产品不影响二次销售才能办理退货

　　B.要求顾客承担寄出运费

　　C.要求顾客承担寄回运费

　　D.以无质量问题回绝顾客

3.买家付款后,卖家过了三天还未发货,买家可以怎么做?( )

　　A.申请退款　　　　　　　　　　　B.联系卖家,询问什么时候发货

　　C.投诉卖家不发货　　　　　　　　D.以上都可以

4.客户拍下宝贝不想要了,退款时申请退款栏里填写原因是卖家缺货,客服应该怎么处理?( )

　　A.直接让财务退款

　　B.与客户交流协商,修改原因以后提交财务退款

　　C.威胁客户让其修改退款原因

　　D.不理会客户,让客户自己联系售后进行退款

5.小丽是天猫女装旗舰店的咨询客服,有一天消费者咨询小丽,购买100元的衣服,想多开点发票自己可以承担税点,小丽应该如何做?( )

　　A.答应消费者的要求,因为消费者承担税点是可以开具100元以上的发票金额

　　B.同意消费者的要求,因为天猫必须无条件开具公司或个人发票

　　C.拒绝消费者的要求,因为天猫要求开具发票是实买实开

　　D.同意消费者的要求,并且不需要消费者承担税费,因为消费者满意最重要

6.客服在遇见退换货订单的时候应该( )。

　　A.一直跟客户聊天,推荐店铺的宝贝和套餐

　　B.跟客户聊天,告知客户店铺的相关退换货规则和流程

　　C.先查询客户的订单,是否跟其他的客服交流过,了解客户的退换货原因,再告知
　　　客户退换货的相关流程和规则

　　D.跟客户交流,告知客户退换货规则及流程,并且向客户推荐店铺的宝贝和套餐

三、判断题

1.卖家加入七天无理由退换货服务承诺后,买家的退换货费用由卖家承担。 ( )

2.天猫支持15天无理由退货。 ( )

3.买家在收到商品七天内发现不喜欢商品颜色要求退货,客服告知顾客必须在保证商

品不影响二次销售的情况下才可以办理退货手续。这种做法是正确的。 （　　）

4.客户自己填错了退货单号,运费险也是会赔付的。 （　　）

四、简答题

1.当顾客大骂,说客服的服务差,产品也差,这个时候客服该怎么回应?

2.当顾客说商品有掉色问题,要求退货,但是商品已经下水洗过了,这个时候你该怎么处理?

3.顾客买了两双鞋子,反馈只收到1双鞋子,客服该如何处理?

4.请画出退货流程图。

［任务三］

了解交易纠纷的处理技巧

【情景设计】

美美在售后服务部门工作了一个多月,已经基本掌握了售后客服的工作内容,也能热情地处理客户的诉求,但是昨天她遇到了一件令人苦恼的事情。美美很内疚,觉得自己工作不到位,不断地自责。

【情景再现】

有一名顾客不满意商品的质量,说图片描述和商品质量不符,要求退货,但是自己不承担运费。如果不及时处理,就要给差评。美美还没来得及沟通解决方案,今天就在评论区看到了顾客给的差评描述。

买家:你们的衣服是正品吗?

客服美美:亲,我们的衣服是正品,没有问题的。

买家:可到货了我发现完全不是自己想要的效果,和图片描述完全不符。你们这是欺骗顾客!我要退货。

客服美美:亲,我们的衣服确实是正品,你说的和图片不符可能存在一定的偏差,也是正常的。如果你确实不想要,可以退货。

买家:你们要承担运费哈。

客服美美:亲,按规定你这种退货是要自己负担运费的。

买家：是你们商品有质量问题导致的退货应该由你们负责运费。如果这样还要顾客承担是你们太坑了，我要给你们差评。

【情景分析】

刘艳师傅告诉美美不管是天猫店还是淘宝店，遇到纠纷都会让人头疼，任何一家网店都不可能做到百分之百让客户满意，所以遇到这些情况时不要怕，要积极主动地处理。因为只有你真诚地对待顾客，顾客才会真诚地对待你。接着刘艳师傅将自己处理纠纷的技巧分享给了美美。

【任务实施】

网购越来越成为人们日常消费的首选，随之而来，网购纠纷也日渐增多。作为售后客服，在面对纠纷时不应该逃避推卸责任，而应该主动积极应对。了解相关纠纷处理技巧，帮助客户产生良好的购物体验，提升店铺的信誉值是售后客服的使命。我们一起来了解刘师傅是如何处理网购中的纠纷的。

活动1　了解退换货技巧

不管是新网店还是老网店，都会遇到顾客退换货的问题，因此存在退换货现象很正常。虽说绝大多数商家可以七天无条件退换货，但是退货率过高不仅影响到店铺权重和参加淘宝活动等，还会受到淘宝相应的处罚，使卖家丧失某些功能，如永久冻结发货选择等。因此作为淘宝卖家如何妥善地处理这些问题是我们最该考虑的重要问题。作为售后服务人员，下面我们一起来学习退换货技巧吧。通常，客服人员在遇到问题时会用到"三步骤六内容行动法"。所谓的"三步骤六内容行动法"就是在处理交易纠纷时客服采用的三个步骤来解决问题的一种方法。每个步骤分别由两个内容组成。根据具体的纠纷问题如退换货还是中差评，在第二步操作时略有不同，如图4-3-1所示。

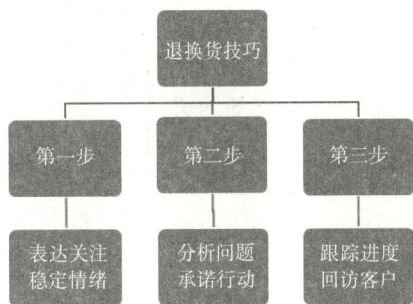

图4-3-1　三步骤六内容行动法

第一步：表达关注、稳定情绪。

● 表达关注：了解情况，建立关系。售后客服要快速地联系顾客，确认信息，表达歉意，了解退换货的原因，内容要简洁明了，语速平缓。

● 稳定情绪：客户这个时候情绪不是很稳定，客服要不断安抚他，尽量多给一些时间让他宣泄不满情绪，让客户感觉到客服是真诚地在帮助他，他的情绪自然会降低或正常化。

第二步: 分析问题、承诺行动。

● 分析问题: 核实客户的信息, 包括确认小票的金额、购买日期、购买地点、数量、款号等, 还要检查货品有无损坏, 如果自己无法鉴定, 则应交给上级部门检查。分析客户退换货的原因, 在自己可以解决的范围内, 给客户几种方案选择或者做出适当补偿, 可以降低退换货的频率。如果发现是无理退货或者要赖的客户, 双方无法调解, 可以上报上级, 走法律程序解决。

● 承诺行动: 联系相关人员进行处理, 在处理的时候一定要体现"快", 让客户看到时效性。如果最后确实要退货或退钱, 一定要比收钱的速度还要快, 给顾客一种信任感。

第三步: 跟踪进度、回访客户。

● 跟踪进度: 一定要把行动的计划实施下去, 及时让客户看到自己工作的成效和工作进展, 并且态度一定是积极的, 消除客户对店铺的不良印象。

● 回访客户: 这是售后客服工作的重要内容。做好客户回访有助于了解客服的服务质量, 体现对客户的关怀, 提升客户的满意度, 最终增加客户的访问量。

【典型案例】

退换货技巧表达话术

步 骤	技巧内容	技巧话术
第一步	表达关注	您好, 我是售后客服××, 请问您是××吗? 打扰到您, 对于您退货的问题感到十分抱歉。
	稳定情绪	您感到……是因为 (反馈原因), 您目前的情况我是很理解, 您能具体给我描述下是什么原因导致退货吗? 我将尽力帮助您。
第二步	分析问题	您说的问题我都清楚了, 这确实是……造成的, 真的是不好意思。您看这样行不行, 给您优惠/送店铺优惠券/送您个小礼物可以吗? 或者说有些人遇到类似的情况会……您觉得这种方法对您来说可行吗?
	承诺行动	亲, 和您沟通完, 我马上联系相关人员处理问题, 及时补发货或者退款。
第三步	跟踪进度	您的退款已经到账, 麻烦您核对, 如有问题及时联系我, 我好给您处理, 谢谢。
	回访客户	您好, 我是××, 上次我们在××地对××进行了沟通, 您现在对此还有什么看法和建议吗?

【做一做】

根据下列退换货售后的话术，判断应该属于技巧六内容的哪一个内容?

话　术	技巧六内容中的哪个内容
亲，补发的商品已经出库，请您随时查询物流，如有问题请及时联系我，感谢您的支持。	
如果我是您的话也会有同样的感受，我非常理解您的心情。	
您看这样好吗，在我负责的范围之内，我给您几个建议，尽量快点把您的事处理好，您看可以吗?	
亲，我这边已经在和相关人员沟通此事了，会第一时间解决您的问题，给您造成的不便请谅解。	
您好，我是××客服，刚刚在售后服务总部了解到您所反映的问题，十分抱歉，有什么问题您可以向我反映，我及时给您解决。	
事情我这样做还满意吗，请问还有什么需要我为您做的? 对于这次的误会，我们深感抱歉，谢谢您的理解。	

售后沟通技巧

活动2　了解中差评处理技巧

中差评几乎是每一个卖家都要面对的问题，差评不仅会影响店铺的整体动态评分和好评率，还会影响店铺的排名，很大程度上影响其他买家的判断，进而影响产品的转化率。所以，当遇到这种情况时，作为售后客服应该有相应的应对技巧。让我们一起来了解中差评的处理技巧。

所谓积极主动处理中差评技巧就是售后客服能主动与客户沟通，了解产生中差评的原因，最后双方达成一致，客户愿意修改中差评的一种处理方式。在这种方式中售后客服发挥积极主动性，降低甚至消除了客户的不满，一定程度上挽回了店铺的信誉和形象。处理的具体技巧如图4-3-2所示。

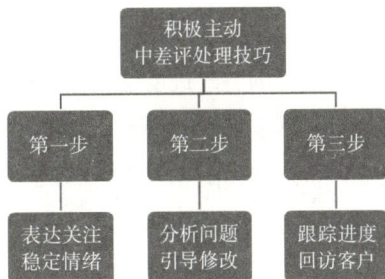

图4-3-2　积极主动修改技巧

第一步：表达关注、稳定情绪。

• 表达关注：了解情况，建立关系。快速联系顾客，确认信息，表达歉意，了解给予差评的原因。

• 稳定情绪：客户这个时候情绪有可能不稳定，作为售后客服应不断安抚客户，尽自己的力量帮助顾客，让情绪降低或正常化。

第二步：分析问题、引导修改。

• 分析问题

（1）解释

分辨出给中差评的原因，客服要对客户遇到的问题进行解释。

问 题	解释的话术
产品问题	感谢您的建议，我们的产品是工厂直接发货，您说的质量问题，我们一定和厂家沟通。
物流问题	您反映的快递问题由于单量太大有时也会出现，之后我们一定和快递沟通，减少这种问题的发生。
服务问题	你可以截图发给我当时和您沟通的客服是哪位吗？我们店铺有相应的惩罚机制。希望下次不要再发生此类问题，让您有良好的购物体验。

（2）建议

向客户寻求解决办法，可以给出几种建议供其选择。

（3）补救

如果发现是恶意评价时就要态度坚定，找出证据及时反馈给相关部门。对无法挽回的评价，可在评价下面回复说明真实情况，让顾客看到店铺的真诚，减少负面影响。

• 引导修改：在分析解释完客户遇到的问题之后，要将谈话的主题转移到修改评价上来。对此一般有3种结果，第一种就是明确答应在一定时间内修改；第二种客户犹豫不决，这时客服根据具体的情况来说服客户答应修改，可以肯定、赞扬客户，博取同情等；第三种为客户明确表示不会修改，客服必须针对他发的评论以谦虚礼貌的态度给出自己的相应回复，让其他客户看到店铺的真诚，降低负面评价的影响。

第三步：跟踪进度、回访客户。

• 跟踪进度：售后客服要对中差评的更改进度进行跟踪了解，看是否进行了修改，如果还没改，及时催促客户修改评价。另外可以及时做出后续的工作安排。

• 回访客户：在客户修改完评价之后，第一要感谢买家的支持，第二要询问顾客选择的解决方案是否已经落实，让顾客感觉店铺是关心他的。

【典型案例】

中差评处理话术

步 骤	技巧内容	技巧话术
第一步	表达关注	您好，我是××淘宝客服，您之前在××购买了××，还记得吗？我真诚地想帮您解决问题，您看我可以帮您做点什么吗？
	稳定情绪	请您不要着急，您能描述下具体的情况吗？一定给您解决好。
第二步	分析问题	是这样的，其实最重要还是把您的事情处理好让您满意，只要我能做到的，我一定让您满意，您看这样可以吗？
	引导修改	您看，我有个小小的要求，就是您的中差评会对本店的形象有小小的影响，如果您觉得我的服务态度还不错的话，能不能帮我修改下作为我的业绩，可以吗？
第三步	跟踪进度	亲，看到您这边对商品的评价还没有调整，是有什么顾虑？我可以帮您解决吗？
	回访客户	感谢您的评价，您的建议我们会虚心接受，以后做得更好，这次真的感谢您。希望您在我家购物开心。

【画一画】用思维导图的形式画出处理中差评的消极和积极处理技巧的组织结构图。

【任务拓展】

中差评解决方法

一、填空题

1.三步骤六内容行动法的具体内容是_____、_____、_____、_____、_____、_____。

2.在处理纠纷时，第一步表达关注的目的是对客户_____。

3.纠纷处理技巧的第二步分析问题时应从_____、_____、_____三方面入手。

4.在引导客户修改评价后，售后客服要对中差评的更改进度进行_____，在客户修改完评价之后，首先要_____，然后要_____。

5.退换货处理技巧和中差评处理技巧的"三步骤六内容行动法"的区别在于第二步的_____和_____。

二、判断题

1.在中差评处理中消极被动的技巧要比积极主动的处理效果更好。　　　　（　　）

2.任何一家网店都会遇到交易纠纷问题,所以当客服遇到这些情况时不要怕,要积极主动地处理。　　　　（　　）

3.处理退换货技巧的目的是了解情况,建立关系。　　　　（　　）

4.在处理完交易纠纷后,对顾客进行回访其实没有必要。　　　　（　　）

5在处理交易纠纷时,如遇顾客情绪激动,售后客服应该先安抚情绪再解决问题。

（　　）

【项目小结】

通过本项目的学习,我们了解了网店售后客服岗位的工作内容和职责,知道了常规售后服务的流程,学会了用"三步骤六内容行动法"处理售后纠纷的方法,也掌握了如何有效规避各种纠纷。售后服务工作纷繁复杂,非常考验客服人员的职业素养。

【项目检测】

一、单选题

1.天猫平台规定,客户在收到商品后(　　　)天内可以选择无理由退货。

　　A.7　　　　　　　　B.15　　　　　　　　C.5　　　　　　　　D.6

2.中差评在评价后的(　　　)天内可以修改,逾期将不能再更改。

　　A.15　　　　　　　B.3　　　　　　　　C.30　　　　　　　　D.20

3.买家评价作出后的(　　　)天内售后客服可以做评价解释。

　　A.15　　　　　　　B.3　　　　　　　　C.10　　　　　　　　D.30

4.客服在处理顾客退换货问题时,客服首先应做的事情是(　　　)。

　　A.了解顾客退换货原因　　　　　　　　B.向顾客解释退换货中运费的处理方式

　　C.在平台完成退换货操作　　　　　　　D.为避免麻烦,说服顾客不要退换货

5.客服在处理顾客退货问题时,下列不能退货的是(　　　)。

　　A.衣服的商标被剪掉　　　　　　　　　B.衣服被洗过

　　C.商品表面被污染了　　　　　　　　　D.以上都是

6.评价中如果出现了中差评,客服应该(　　　)。

　　A.使用软件拦截修改

　　B.采用好评置顶,推后中差评显示

　　C.主动和客户联系,了解原因引导客户修改评价

D.以上都是

7.如果客户购买的商品被快递弄丢而向客服提出异议,正确的处理方法是(　　　　)。

A.对不起,我不知道

B.这是快递公司弄丢的呢,您去找快递公司吧

C.你打电话先查一下什么原因,我们会协助您处理

D.货物已经出仓库,公司不负责

8.买家办理退货后,客服应该(　　　　)。

A.提醒顾客在网上填发货单　　　　　B.收到货后检查登记并办理退款

C.收到货后联系顾客并推荐新款　　　D.以上处理方法都可以

9.买家确认收货后未及时评价,提醒买家对订单作出评价,可以使用(　　　　)。

A.好评感谢　　　　B.签收提醒　　　　C.催评提醒　　　　D.订单催付

二、多选题

1.下列工作内容属于售后客服的是(　　　　)。

A.处理退换货　　　B.处理退款　　　C.处理投诉纠纷　　　D.管理评价

2.售后客服工作人员需要具备的职业素养有(　　　　)。

A.热情的工作态度　　　　　　　　　B.熟练的业务知识

C.耐心地解决问题　　　　　　　　　D.良好的沟通协调能力

3.当网店采用第三方物流时,售后客服发给买家的提示信息包括(　　　　)。

A.验收提醒信息　　　B.催评提醒信息　　　C.退款成功信息　　　D.物流派送信息

4.天猫平台规定,当买家未收到货要求退款时,可以选择的退款理由有(　　　　)。

A.协商一致退款　　　　　　　　　　B.未按约定时间发货

C.虚假发货　　　　　　　　　　　　D.其他

5.客户申请退款的类型可能包括(　　　　)。

A.未发货退款　　　B.拒收后退款　　　C.补偿性退款　　　D.退货后退款

6.客服处理退换货时采用的"三步骤六内容行动法"是指(　　　　)。

A.表达关注、稳定情绪　　　　　　　B.分析问题、承诺行动

C.跟踪进度、回访客户　　　　　　　D.尽量说服、取消退货

三、判断题

1.售后客服在处理退换货和退款时都需要了解平台、公司的相关规定。　　　　(　　　　)

2.可以根据客户的地域、购买频率等对客户进行分类管理。　　　　(　　　　)

3.当买家确认收货后未及时评价,客服可以提醒买家对订单作出评价。　　　　(　　　　)

4.商品退换货中的运费均由买家承担。　　　　(　　　　)

情感目标

　　培养学生终身学习的学习态度；

　　培养学生积极向上的职业素养。

［实训一］

售前客服模拟训练

　　售前客服主要是解答客户的各种询单，引导客户购物。请根据店铺产品特点，完成案例5-1-1、案例5-1-2、案例5-1-3的模拟对话。

【案例5-1-1】

　　小李的手机太卡了，想在小米官方旗舰店购买一款手机。她浏览了小米天猫旗舰店首页，很喜欢红米8A这款手机。如果你是该店铺的售前客服，你会怎么回答小李的问题呢？将你认为合适的回答，写在表格内。

序　号	小　李	售前客服
1	亲，在吗？	
2	请问红米8A有几个颜色？	
3	请问红米8A的屏幕尺寸是多大？	
4	红米8A还可以再优惠一点吗？	
5	你们是小米官方旗舰店吗？	
6	如果我现在拍下，你们什么时候发货？	
7	可以分期付款吗？	

【案例5-1-2】

　　小张在小米官方旗舰店看中了小米10这款手机。如果你是该店铺的售前客服，你会怎么回答小张的问题呢？将你认为合适的回答，写在表格内。

序　号	小　张	售前客服
1	亲，在吗？	
2	请问小米10有几个颜色？	
3	请问小米10的CPU型号是好多？	

续表

序 号	小 张	售前客服
4	用小米10打游戏怎么样？	
5	小米10这款手机有什么优点？	
6	价格可以再优惠一点吗？	
7	可以包邮吗？	

【案例5-1-3】

小刘在小米官方旗舰店看中了一款红米电视机。如果你是该店铺的售前客服，你会怎么回答小刘的问题呢？将你认为合适的回答，写在表格内。

序 号	小 刘	售前客服
1	亲，在吗？	
2	红米70 in这款电视机有什么优点？	
3	红米70 in这款电视机内置的小爱同学有什么作用？	
4	可以发顺丰快递吗？	

［实训二］

NO.2

售中客服模拟训练

售中客服的主要任务是引导客户付款、核对订单信息、添加备注、礼貌告别、下单发货、物流配送和客户确认收货等。对于未付款的订单，客服要及时催付，与客户进行沟通，了解未付款的原因。对于已付款的订单，客服要与客户核对订单信息，然后礼貌告别。在客户确认收货前，可能会对快递情况进行询问，客服要引导客户查询。若遇特殊情况，客服需要进官方网站进行查询，或电话给快递公司询问具体情况，然后告知客户。请根据店铺的基本情况，模拟完成案例5-2-1、案例5-2-2、案例5-2-3的对话。

【案例5-2-1】

小李在小米官方旗舰店拍下了红米8A，深海蓝色。由于支付宝没有足够的余额，暂时没有付款，如果你是该店铺的售中客服，你应怎么引导小李尽快付款呢？

序号	售中客服	小李
1		支付宝没有足够余额，暂时没有付款，有其他付款的方式吗？
2		好的，谢谢。我马上付款。
3		

【案例 5-2-2】

小李在小米官方旗舰店购买了红米8A，深海蓝色。付款后，发现收货地址错了，于是她联系了客服，你该怎么回答呢？

序号	小李	售中客服
1	亲，在吗？	
2	可以帮我改一下收货地址吗？	
3	重庆市九龙坡区含谷镇含盛路89号。	
4	你们什么时候发货？	
5		

【案例5-2-3】

小李在小米官方旗舰店购买了红米8A，深海蓝色。发货后，发现物流信息一直没有更新，她向客服了解情况。你该怎么回答呢？

序号	小李	售中客服
1	亲，在吗？	
2	我的手机到哪里了？	
3	你们到底发货没有，怎么一直没有更新？	
4		

［实训三］

NO.3

售后客服模拟训练

售后客服主要是处理客户确认收货后出现的问题，其主要任务是处理商品退换货、退款、争议、评价管理及维护客户关系等。良好的售后是店铺信誉的保证，还可以提高店铺的回购率。请根据店铺服务的规定和天猫规则，模拟完成案例5-3-1、案例5-3-2、案例5-3-3的问题。

【案例5-3-1】

小李在小米官方旗舰店购买了深海蓝色的红米8A,确认收货后第五天,感觉款式不是很喜欢想申请退货,商品无损坏,售后客服的工作流程应该是什么?请完成表格的问答。

A.拒绝退货申请

B.询问客户退货原因

C.为客户推荐其同类商品

D.检查商品是否有损坏

E.申请售后补偿

F.通知财务退款

G.同意退款并要求客户退回原商品

H.查收退货商品

I.要求客户退货

J.要求客户补差价

正常处理流程:

序号	小　李	售后客服
1	亲,在吗?	
2	这款手机可以退货吗?	

【案例5-3-2】

小张购买小米10手机已经五天了,一直未收到商品,物流状态也一直处于运输途中未更新,询问快递公司说商品已丢失,小张要求重新发货。此种情况客服人员的正确处理流程是什么呢?请完成表格的问答。

A.要求客户联系快递公司解决

B.联系客户是否重新发货

C.告知客户快递单号

D.联系快递公司并询问快件状态

E.要求客户补差价

F.安抚客户

G.拒绝换货申请

H.登记问题件情况及处理措施

I.联系仓库重新发货

正常处理流程:

序号	小 张	售后客服
1	亲，在吗?	
2	我在你们家购买的小米10，已经5天了，至今没有收到货，询问快递，快递说商品可能丢了，我要申请退款。	

【案例5-3-3】

小刘在购买红米70 in电视机后，发现屏幕有一些小瑕疵要求换货，客服人员的工作流程应该是什么呢? 请完成表格的问答。

A.要求客户拍照确认瑕疵

B.要求客户退货

C.要求客户退回商品

D.查收退货商品

E.要求客户补差价

F.告知客户单号

G.申请售后补偿

H.拒绝换货申请

I.检查商品瑕疵

J.通知仓库重新发货

K.客户发起换货申请

正常处理流程:

序号	小 刘	售后客服
1	亲，在吗?	
2	我在你们家购买的红米电视机屏幕有杂点。可以换一台吗?	

【项目小结】

通过本项目的学习，我们了解了网店客服的整个工作流程，以及每个工作岗位的工作内容和职责。在具体工作环境中，我们可能还会遇到更多的问题，这需要我们具备扎实的基础知识外还要不断学习新知识，只有这样才能在工作中不断进步，最终取得成功。

【项目检测】

以下是买家和客服美美的情景模拟对话，请把你认为最合适的回答写下来。

1.买家：这款有货吗?

客服美美：

2.买家：有色差吗?

客服美美：

3.买家：这个宝贝的价格有点贵,掌柜能便宜点的话,用得好我一定还会再光临。

客服美美：

4.买家：同样一件宝贝,我看别人家卖得比你家便宜,你能便宜点卖给我吗?

客服美美：

5.买家：我是重庆九龙坡的,我想问一下,今天买的话,有什么可能能明天到货呢?

客服美美：

6.买家：请问我的货什么时候发呀,再不发我要退款了。

客服美美：

7.买家：你好,连衣裙退回的单号是12345678910,显示在派送了,收到后麻烦联系我一下哦

客服美美：

8.买家：你们收到了货怎么还不退款呢?

客服美美：您寄回来的那个件我们正在找呢,仓库那边暂时还没有找到

买家：你们已经签收了和我有什么关系? 答应了我昨天退款怎么能不讲信用

客服美美：

9.买家：你们根本是胡闹,不负责才导致给我发错货,怎么解决吧!

客服美美：

10.买家：你们发的什么快递啊,怎么给我发错地方了,我送人的,现在很着急,如果赶不上,你们要赔偿我损失!

客服美美：